매출 100억
공인중개사는
이렇게 영업합니다

상위 1% 공인중개사 빌사남의 영업 비밀

매출 100억
공인중개사는
이렇게 영업합니다

김윤수(빌사남) 지음

"이렇게만 하면 절대 망하지 않습니다!"
개업부터 고객 관리까지 공인중개사의 모든 것

 경이로움

가파른 고개를 넘으니 보이는 지름길, 그게 바로 공인중개사였다

어려서부터 우리 집은 정말 가난했다. 남들이 외식할 시간에 나는 급식비를 벌어야 했다. 살던 곳은 경기도 광명시 일직동이었다. 지금은 KTX 광명역이 들어선 곳이다. 역이 들어서기 전에는 허름한 주택들이 옹기종기 모여 있었다. 그중에 보증금 300만 원짜리 단칸방이 부모님과 누나까지 우리 네 식구가 모여 살던 집이었다. 필자는 고등학교를 졸업할 때까지 여기서 살았다.

아버지는 법인 택시기사였다. 어머니는 주부인데 당뇨병을 앓으셨다. 지금도 혈액투석을 받고 계신다. 아버지가 벌어온 월수입은 70만~80만 원. 어머니 치료비를 내고 나면 사실상 생활이 안 되는 수준이었다. 선택의 여지는 없었다. 중학교에 입학하자마자 돈벌이에 나섰다.

시작은 중고 거래였다. 네이버 중고 거래 카페 '중고나라'에 닥치는 대로 중고품을 올렸다. 당시 학생들 사이에서 노스페이스 패딩이 상당히 유행이었다. 여름에 친구들과 선후배에게서 패딩을 헐값에 사들였다. 그리고 겨울이 되면 웃돈을 붙여 중고나라에 올렸다. 이런 방식으로 꽤 큰돈을 벌었다. 나중에는 전자제품 등도 산 다음에 되팔았다. 요즘 말로 하면 '리셀러'였던 셈이다. 비슷한 시기에 주유소에서 5년간 아르바이트도 했다. 그렇게 돈만 벌면서 학창 시절 대부분을 보냈다. 그때 사업 노하우와 법인 운영구조를 몸소 익혔다.

운명의 순간은 고등학교 2학년 때 찾아왔다. KTX 광명역이 개통하면서 주변 땅값이 천정부지로 치솟은 것이다. 하루가 멀다 하고 투자자들이 우리 동네를 헤집고 다녔다. 옆집 아저씨는 단숨에 벼락부자가 되었다. 타고 다니던 마티즈는 에쿠스로 바뀌었다. '큰돈을 벌려면 부동산을 해야 겠구나.' 그때부터 공인중개사 자격증을 준비했고, 고등학교를 졸업할 때쯤 땄다. 하지만 바로 개업하거나 중개법인에 취업할 수는 없었다. 군대 문제를 빨리 해결해야 했기 때문이다.

강원도 인제군 육군 장교 운전병으로 군 복무를 했다. 누군가는 군대에서 시간을 낭비했다고 하지만, 필자는 그곳에서 사회생활을 배웠다. 간부들을 태우고 다니다 보니 깍듯이 인사하는 습관이 몸에 완전히 스며들었다. 어른을 대하는 예의범절도 배웠다. 또 인간관계에서 조심해야 할 사소한 부분을 자연스럽게 깨닫게 되었다. 선임들에게 '갈굼'당하지 않기 위해 하도 눈치를 본 덕분이다. 후임들을 대하는 과정도 배움의 연속이었다.

전역하고 얼마 후 중개법인에 입사했다. 그간의 경험을 최대한 살려 영업 전선에서 뛰었다. 그렇게 최연소 팀장이 된 동시에 억대 연봉을 달성했다. 당시 나이가 24살이었다. 다소 이른 나이에 분에 넘치는 돈을 벌게 되었다. 금전적인 여유가 성공의 척도라면, 이미 성공의 궤도에 올랐다고 볼 수도 있을 것이다. 이후 정확히 2년 뒤인 26살에 퇴사했다.

주변에서 "미쳤냐"는 소리를 쏟아냈다. 그래도 하고 싶은 일을 해야만 했다.

　2016년 빌딩 전문 중개법인 '빌사남'을 설립했다. 사무소는 서울 역삼동의 작은 주택이었다. 책상과 의자, 컴퓨터만 갖다 놓고 일을 시작했다. 매일 새벽 5시에 일어나 건물데이터를 수집하고 사진을 찍으러 돌아다녔다. 기존에 하던 영업과 중개 활동은 계속 이어갔다. 동시에 국내 최초로 빌딩 실거래가 조회 시스템을 개발했다. 강의 사업도 시작했다. 회사의 이름이 점점 알려지면서 입사를 원하는 사람들이 하나둘 모여들기 시작했다. 운 좋게도 필자와 뜻을 함께하는 유능한 전문가들이 힘을 보태주었다. 빌사남은 지금도 그렇게 성장해 나아가고 있다.

　과거의 경험이 지금의 필자를 있게 했다는 데에는 이견이 없다. 그런데 공인중개사 모두가 필자와 같은 경험을 할수는 없다. 일부러 힘든 길을 택해서 고생할 필요는 더더욱 없다. 성공으로 가는 길은 셀 수 없이 많다. 필자는 이 가운데 직접 겪어봤고, 그중에서도 가장 효율적이라고 생각하는 방법을 추천할 따름이다. '눈물 젖은 빵'을 먹어보지 않고 인생의 달콤함을 맛볼 수 있다면 그 얼마나 좋은가.

    지난 경험을 통해 터득한 바를 하나만 더 언급하려 한다. 소비자 입장에서 보면 공인중개사는 엄연히 중개업 종사자지만 공급자 입장에서는 그렇지 않다. 오히려 서비스업 종사자에 더 가깝다고 생각한다. 공인중개사에게 성공의 핵심은 마케팅이다. 이 마케팅의 60%는 서비스 품질이 좌우한다. 부동산 중개 관련 지식은 나머지 40% 정도라고 본다.

    그런데 안타깝게도 공인중개사 자격증을 딸 때 서비스 분야는 시험을 치지 않는다. 그러니 당연히 공부하지도 않는다. 대표적인 서비스직인 항공 승무원은 비행기에 오르기 전까지 몇 달 동안 고객 응대 방법을 교육받는다. 대형 백화점은 단기로 일하는 판매 직원에게도 서비스 방법을 가르친다. 공인중개사가 서비스직이라는 것을 체감하고 싶다면 외제차 매장에 가서 시승을 해보길 권한다. 딜러들은 말끔한 정장을 차려입고 90도에 가깝게 인사한다. 경우에 따라 다르겠지만, 대부분의 딜러들은 시승자를 위해 차문을 열고 닫아주기까지 한다. 오직 수천만 원짜리 자동차를 팔기 위해서다. 하물며 수억 원에 달하는 부동산을 파는 사람이 서비스를 등한시한다니. 그 자체로 난센스가 아닐 수 없다.

혹자는 "성공한 사람의 인생은 성공한 후에 포장되어 평범한 사람의 인생을 망친다"고 꼬집는다. 어느 정도 일리는 있다고 생각한다. 일단 누누이 말하지만 필자가 성공한 사람이라고 단언하긴 힘들다. 단지 공인중개업에 남들보다 일찍 뛰어들었고, 일정 규모 이상의 회사를 일구었으며, 억 단위의 수익을 올리고 있다. 남들이 이를 성공으로 평가한다면, 그 과정을 더욱 많은 사람들에게 알려주고 싶을 뿐이다.

결코 인생을 포장하고 싶지 않다. 훈계하거나 지시하고 싶지도 않다. 남들의 실패는 절대 바라지 않는다. 이 책을 펼친 독자들과 함께 성공 가도에 발을 올리고 싶은 마음은 간절하다. 성공의 사전적 의미를 찾아보면 "목적하는 바를 이룸"이라고 나와 있다. 그렇다면 아직도 필자는 성공을 향해 나아가는 중이다. 이루고 싶은 꿈이 아직 많이 남아 있기 때문이다. 비록 졸저지만 이 책을 통해 독자분들께 공인중개사 너머 더 큰 목표를 제안하고자 한다. 이제 시작이다.

빌사남 김윤수

차례

1장 개업 전에 생각해야 할 것들

2장 개업을 결심했다면 반드시 고민해볼 것들

3장 기본에 충실한 부동산 전문가가 되어라

4장 공인중개사 온라인 마케팅의 모든 것

5장 실무에 유용한 각종 판례들

개업 전에
생각해야 할 것들

공인중개사,
지금 해도 될까?

이 책을 펼쳐본 독자라면 공인중개사 자격증을 막 취득한 사람이 대다수일 것이다. 또는 자격증을 따놓고도 중개업무를 하지 않는 장롱면허 소지자도 있을 것이다. 간혹 자격증은 없지만 공인중개사라는 직업에 흥미를 느끼고 준비를 고민하는 사람도 있으리라고 본다. 어쨌든 독자들이 처해 있는 상황은 각자 다르다. 그러나 모두 똑같은 궁금증을 한 가지 갖고 있을 것이라 생각한다. '공인중개사를 해서 과연

돈을 많이 벌 수 있을까?'

많은 돈이라는 건 지극히 상대적인 표현이다. 수입이 직장인 평균 연봉보다 조금이라도 높으면 많은 돈을 번다고 볼 수도 있고, 최소한 연 소득 1억 원은 찍어야 한다고 생각할 수도 있다. 또는 기왕 공인중개사를 한다면 10억 원 정도는 벌어야 만족하는 사람도 있을 것이다. 그럼 실제로 중개사는 얼마나 벌까?

공인중개사의 연봉

중개사의 연봉을 가늠해볼 수 있는 자료가 있다. 2018년 한국공인중개사협회가 발표한 연봉 통계치다. 이 자료에 따르면, 공인중개사 중 가장 많은 73.5%가 간이과세자로 조사되었다. 간이과세자는 개인사업자 중 부가가치세를 포함한 연 매출액이 4,800만 원이 안 되는 소규모 사업자를 뜻한다(2021년부터는 매출액 기준 8천만 원으로 상향). 그다음으로 13.6%는 4,800만~7,200만 원을 버는 것으로 나타났고, 6.3%는 7,200만~1억 원으로 집계되었다. 1억 원 넘게 버는 사람은 6.6%였다.

그런데 해당 조사는 중개사무소를 운영하면서 발생한 매출을 기준으로 잡았다고 한다. 그렇다면 매달 발생하는 영업비나 인건비, 임대료 등 고정비를 고려했을 때 정확히 이 수준으로 번다고 보기는 어렵다. 여러분이 어느 정도의 연봉을 생각했는지 모르겠지만, 기대만큼 만족스럽지 않은 결과일 것이다.

더 암울한 자료도 있다. 한국직업정보시스템이 2018년 조사한 결과에 따르면, 공인중개사의 평균 연봉은 3,300만 원 정도라고 한다. 국세청이 발표한 2019년 근로소득자 평균 연봉은 3,744만 원. 직장인보다 못 버는 셈이다. 2021년 8월 국토연구원이 주최한 토론회에서 공인중개사협회 사무총장은 "11만 명에 달하는 개업 공인중개사 가운데 55%가 간이과세자인데 소득으로 보면 연간 1,500만 원"이라고 밝혔다. 그러면서 "4인 가족 최저 생계비가 월 290만 원, 연간 3,500만 원인데 공인중개사들은 도대체 살 수가 없다"고 볼멘소리를 내기도 했다.

자격증 학원 업계에서는 억대 연봉자의 사연을 인용하며 공인중개사의 전망을 긍정적으로 소개한다. 일부 언론도 "2~3건 하면 대기업 연봉 나온다" "집값이 뛰는데 한두 건만 계약해도 대기업 연봉" "거래 1건에 7,900만 원 챙기기도" 등의 제목을 뽑아 중개사 자격증 취득 열풍을 조장한다. 그런데 적어도 수치로 확인되는 중개사의 소득은 직장인과 크게 다르지 않다. 물론 앞서 소개한 자료는 수년 전 통계도 포함된 데다 최근 급격한 집값 상승으로 수수료 수입이 올랐을 가능성은 있다. 하지만 개업 공인중개사가 11만 명을 돌파하며 역대 최다치를 기록한 점을 고려하면, 그만큼 경쟁 또한 치열해졌다고 볼 수 있다.

장밋빛 미래를 꿈꾸며 이 책을 펼친 독자들이 우선 알아야 할 사실이 있다. 현실은 냉정하다. 부동산 중개업계는 결코 녹록하지 않다. 중개사 자격시험이 한때 '중년고시'라 불리며 각광받았지만, 모두에게 제2의 인생을 열어주는 건 결코 아니다. 최근에는 젊은 사람들도 중개사 자격시험에 많이 도전하고 있다. 취업난을 견디다 못해 단순히 도피할 생각으로 준비하는 것이라면 뜯어말리고 싶다. 자격시험에 쏟아붓게 될 돈과 시간을 입사 준비에 쓰는 게 더 유리할 수도 있다.

중개사는 하는 만큼 번다

그렇다면 공인중개사를 접어야 할까? 아이러니하게 들릴지 모르겠지만, 필자는 그럼에도 중개업계의 미래가 밝다고 본다. 일단 세상의 모든 직업 중에 중개사만큼 큰 규모의 자산을 다룰 수 있는 직업은 없다. 주식이나 채권 등 금융자산을 제외하고 부동산보다 가액이 높은 자산은 없다. 토지나 빌딩을 떠올려보자. 동네 주변에 아파트나 오피스텔을 중개하는 사무소가 많아서 그렇지, 공인중개사는 엄밀히 모든 부동산을 다 중개할 수 있다. 슈퍼카 딜러나 군수업자도 공인중개사보다 비싼 물건을 중개하기는 어렵다.

더군다나 우리나라 국부를 나타내는 국민순자산 중 부동산의 비중은 점점 더 커지고 있다. 통계청의 국민대차대조표에 따르면, 2020년 부동산 비율은 74%로 전년보다 확대되었다. 또 GDP 대비 토지자산의 배율은 5배로 역대 최대 기록을 세웠다. 사실 거시적인 통계를 인용할 필요도 없다. 주변에서 끊임없이 오르는 집값만 봐도 부동산 자산의 규모가 얼마나 커지고 있는지 실감할 수 있다.

당연하지만 개업 공인중개사는 프리랜서다. 회사의 규율

과 근무시간에 얽매이지 않고 자유롭게 일할 수 있다. 누군가는 이와 같은 자율성을 은근히 압박으로 느낄 수도 있다. 반면 적성에 맞다면 시간을 자유롭게 쓸 수 있다는 점은 상당한 이점으로 작용한다. 동시에 본인의 역량과 투자한 시간에 따라 굉장히 많은 돈을 벌 수 있다. 앞서 중개사의 수입과 관련한 통계를 언급했지만, 더 정확히는 '하기에 따라 천차만별'이다. 상투적인 표현이지만 이만큼 사실을 잘 표현한 말도 없다.

통계에서 드러나듯이 1억 원 넘는 수입을 올리는 중개사는 극소수에 불과하다. 모두가 고소득자가 될 수 없는 게 현실이다. 좀 더 자세히 들여다보자. 수많은 공인중개사 사무소들이 특정한 지역에 옹기종기 모여 있다. 이들은 대부분 비슷한 인테리어와 비슷한 색깔의 간판을 내걸고 고객을 기다리고 있다. 당장 가까운 아파트 단지에만 가봐도 알 수 있다.

공인중개사 매출에 결정적인 영향을 미치는 마케팅 활동은 천편일률적이다. SNS와 유튜브 등 광고 플랫폼은 다양해졌지만 만들어내는 콘텐츠는 거기서 거기다. 대부분의 경우 매물 소개에만 치중하고 있다. 게다가 직방과 다방 등 부동산 중개앱을 통한 매물 광고는 거의 업계 관행처럼 굳어졌다. 이들 중개앱은 점점 광고비를 올림으로써 중개사들의 영업이익을 지속적으로 갉아먹고 있다.

초기 투자자본도 적게 들어가다 보니 개업도 너무 쉽게 이루어진다. 일각에서는 '책상과 컴퓨터, 소파, 지도만 있어도 중개사무소를 차릴 수 있으니 실패해도 손해가 적을 것'이라는 시각도 존재한다. 그러다 보니 폐업률은 70%를 웃돈다. 한때 치킨집이 넘쳐나 '치킨공화국'이란 자조 섞인 신조어가 유행했는데, 이를 '중개공화국'으로 바꿔도 크게 무리가 없을 듯하다.

차별화만이 답이다

부동산 중개업의 현실이 지금과 같다면 당연히 전망이 밝을 리 없다. 너무 쉽게 창업하고 너무 쉽게 망한다. 창업 이후 영업 활동에는 특색이 없다. 남들의 방식을 그대로 답습하고 있다. 이러한 현실을 타파하는 중개사에게만 밝은 앞날이 기다리고 있다고 확신한다. 필자는 기존 방식과 다른 길을 걷기 위해 항상 노력했다. 사무실 인테리어부터 영업 방식까지 모든 것에서 차별화를 추구했다. '빌사남'이란 단어를 단지 중개법인 명칭이 아닌 하나의 브랜드로 만들고자 방법을 강구해왔다.

이러한 과정이 성공적인 결실을 맺었는지는 남들이 평가해주리라 믿는다. 일단 적어도 수치로 확인되는 측면은 긍정적이다. 2016년 ㈜빌사남의 빌딩 투자 강연 사업을 시작으로, 2017년 빌딩을 전문으로 중개하는 ㈜빌사남부동산중개법인을 설립했다. 2021년에는 상업용 빌딩 신축 리모델링 전문 건설사 ㈜빌사남&KD, 상업용 빌딩 설계 전문 빌사남건축사사무소까지 설립해 사업 영역을 확장하게 되었다. 3명으로 시작한 직원 수는 2021년 말 기준 약 110명에 달한다. 직원들 개개인의 실적도 나쁘지 않다. 팀장급 파트너들은 연평균 1억 원의 수익을 가져가고 있다. 자기 몫으로 무려 10억 원 이상을 가져가는 파트너도 있다.

이 자리까지 오는 여정은 고난의 연속이었다. 하지만 단한 번도 불가능한 목표를 좇고 있다고 생각하진 않았다. 부동산 중개업의 현실은 험난하다. 그래도 공인중개사는 직업적으로 다양한 이점이 있고, 고소득을 올릴 가능성을 내포하고 있다. 무엇보다 앞으로 부동산 중개시장이 발전할 수 있는 방향은 무궁무진하다. 중개사에서 뻗어나갈 수 있는 길이 굉장히 다양하다는 뜻이다.

우선 필자는 중개시장에서 국가 간 경계가 없어질 것이라 생각한다. 또 스마트폰으로 건물을 사고파는 시대가 곧 올 것이라고 본다. 그렇게 되면 서울 집의 침대에 누워 뉴욕 도심의 빌딩을 거래하는 일도 가능해질 것이다. 그 반대도 마찬가지다. 동네 터줏대감이었던 중개사무소가 글로벌 중개의 거점이 되는 것도 충분히 실현 가능한 시나리오다. 지금은 해외의 대형 중개업체들이 국내에 진출해 있지만, 반대로 국내 중개업체들이 해외로 뻗어나가는 것도 얼마든지 가능하다.

그 밖에 건물에 투자하고 수익을 얻는 금융상품도 다양해질 것이다. 이미 소액 투자자들의 자금을 가지고 부동산에 전문적으로 투자하는 리츠 회사가 개미들의 관심을 끌어모으고 있다. 한 핀테크 업체는 단돈 5천 원으로도 강남 빌딩에 투자할 수 있는 플랫폼을 구축하기도 했다. 강남 빌딩을 주식처럼 쪼갠 뒤 플랫폼에서 수시로 사고팔 수 있게 한 것이다. 공인중개사도 이런 금융상품과 연계해 얼마든지 새로운 분야에 진출할 수 있다.

새로운 직업군을 창출하는 것도 가능하다. 공인중개사가 선택할 수 있는 직업군 중에는 콘텐츠 제작자도 있다. 필자 역시 공인중개사이자 유튜버다. 2019년부터 업로드를 시작한 유튜브 채널 '빌사남TV'는 이제 구독자 5만 명을 넘어섰다. 채널 운영을 위해 매일 콘텐츠 주제를 찾고 기획하고 있다. 카메라 앞에 서는 것도 마다하지 않는다. 단, 유튜브를 광고 채널로 활용하겠다는 생각은 전혀 없다. 오직 유익한 영상으로 긍정적인 영향력을 널리 전파하겠다는 일념만 있을 뿐이다. 부동산을 활용해 만들 수 있는 콘텐츠는 무궁무진하다.

미국 부동산 중개업자 라이언 세르한트(Ryan Serhant)는 공인중개사의 무한한 발전 가능성을 직접 보여준 사례라고 생각한다. 그는 부동산 업계를 조명하는 미국 리얼리티 쇼 〈밀리언 달러 리스팅〉에 나오는 출연진 중 한 명이다. 배우로 활동했을 만큼 잘생긴 외모와 상당한 재력으로 주목을 받았다. 무엇보다 눈에 띄는 건 창의적인 영업 스킬이었다. 자유의 여신상 코스프레를 하고 집을 팔러 돌아다니거나 각종 영화 콘셉트로 집을 소개하는 등 독특한 방식으로 중개를 했다. 그 결과 수십억 원짜리 집들이 그의 손을 거쳐 갔다.

라이언은 2020년 자신의 이름을 걸고 뉴욕에 부동산 중개법인을 세웠다. 그가 2008년 업계에 뛰어든 점을 감안하면 비교적 늦게 법인을 차린 셈이다. 하지만 SNS와 유튜브를 적극 활용해 회사를 놀랍도록 빠른 속도로 성장시켰다. 지금 그의 회사는 미국 전역을 통틀어 가장 활발한 중개법인으로 꼽힌다. 라이언의 유튜브 방송은 뛰어난 영상미를 자랑한다. 각종 촬영기법을 동원해 초호화 펜트하우스가 더 화려하게 보일 수 있도록 연출한다. 라이언은 집 가운데 서서 유려한 말솜씨로 집을 속속들이 소개한다. 그 영상은 전혀 광고처럼 느껴지지 않는다. 마치 집을 무대로 한 신개념 영상처럼 보인다.

그는 부동산 중개업자로 출발했지만, 대중은 이제 그를 성공한 방송인이자 사업가로 여기고 있다. 부동산 업계의 백종원이라고나 할까. 사실 라이언까지 갈 것도 없다. 미국의 45대 대통령 도널드 트럼프도 부동산 관련 사업으로 부를 축적했다. 트럼프 일가의 기업 '트럼프 오거나이제이션 (The Trump Organization)'의 주요 사업 중 하나가 다름 아닌 부동산 중개업이다.

공인중개사의 활동 영역에 제한은 없다. 창의력과 실행력, 끈기가 있다면 뻗어나갈 수 있는 길은 무궁무진하다. 필자가 공인중개사 자격증을 하나의 징검다리 정도로 생각하는 이유다. 이 정도 발전 가능성이 있는 직업이라면 해볼 만하지 않을까.

다른 중개사무소에서 경험을 쌓아라

부동산 중개업에도 전문 분야가 존재한다. 단독주택 전문, 아파트 전문, 토지 전문, 빌딩 전문 등이 그것이다. 물론 아직까지 공인중개사의 업무 분야가 의사나 변호사처럼 법적으로 구분되어 있는 건 아니다. 전문 분야를 갖기 위해 자격시험을 치르는 것도 아니다. 그렇다면 어떻게 해야 할까? 객관적으로 누구에게나 인정받을 만큼의 중개 경험과 지식을 쌓아야 한다. 이를 위해 가장 유리한 방법은 전문 분야를

갖춘 부동산 중개법인에서 일하는 것이다. 중개사무소든 중개법인이든 그 안에서 최소 1년 정도 실무 경험을 쌓는 것을 추천한다.

어떤 중개사무소에서 일해야 할까?

● 중개법인

필자도 빌딩 매매 전문 중개법인에서 5년 정도 일했다. 지금은 빌사남의 경쟁 상대가 된 회사지만, 많은 경험을 쌓게 도와준 곳임은 틀림없다. 대다수 중개법인의 급여 체계는 인센티브제다. 기본급 없이 소속 공인중개사가 계약을 성사시키면 기여도에 따라 회사와 일정 비율로 나눠 갖는 식이다. 그래서 어느 정도 경험을 쌓고 나면 나와서 개업을 하는 경우가 많다. 이 때문에 퇴사율도, 이직률도 높다.

부동산 중개법인의 채용 공고는 각종 구인사이트에 수시로 뜬다. 인크루트, 잡코리아, 잡플래닛, 벼룩시장, 사람인 등에 들어가 '중개법인'이라고 검색하면 된다. 요즘엔 리멤버, 블라인드, 링크드인 등 헤드헌팅 플랫폼도 활성화되어 있어 회사와 연결점을 만들기가 더 쉬워졌다. 과거에는 공인중개사 자격증 유무를 따지지 않았지만, 최근 들어서는 사회적 분위기와 공인중개사법 개정 등으로 자격증 소지자의 채용 비율이 높아졌다.

개인적으로는 가급적 중개법인에 도전해보길 권한다. 그 이유는 환경이 다르기 때문이다. 같은 직장 생활이라도 대기업에서 일하는 것과 중소기업에서 일하는 것은 분명 차이가 있다. 쉽게 말해 '노는 물'이 다르다. 중개법인에서 일하면 알게 모르게 경쟁도 심하다는 것을 느낄 수 있다. 남들보다 좋은 실적을 올리기 위해 자기도 모르게 고삐를 조이게 된다. 그 과정에서 영업 능력도 기를 수 있고, 스스로 끊임없이 공부를 하게 된다. 결정적으로 급여 차이가 상당한 동기를 부여해준다.

그럼에도 개인 중개사무소가 유리하다고 판단되면 망설이지 말고 일단 지원해보자. 은퇴 후 노후 대비를 위해 공인중개사 자격증을 딴 50대 이상이라면 개인 중개사무소가 더 나은 선택일 수도 있다. 중개법인은 비교적 젊은 중개사를 찾는 게 현실이다.

• 개인 공인중개사 사무소

중개법인이 부담스럽다면 개인 공인중개사 사무소(개공)에 들어가는 방법도 있다. 개업 공인중개사의 형태에는 개인과 법인 2가지가 있다. 그곳에 소속되어 일하는 모든 공인중개사를 소속 공인중개사(소공)라 하고, 중개사가 아닌 자를 중개보조원이라고 한다. 그런데 요즘은 소공이 되기도 쉽지 않다고 한다. 개공 입장에서 어차피 소공은 일 배워서 독립할 사람이라고 생각하기 때문이다. 그래서 소공보다는 중개보조원을 찾는 경우가 더 흔한 편이다. 중개보조원은 중개사 자격증이 없는 사람으로, 보통 실장님으로 불린다. 중개보조원도 법적 지위가 보장된 직군으로 부동산 현장을 안내하거나 일반 서무를 본다.

나이 든 사람들은 바로 개업하는 방법밖에 없다는 자조적인 시각도 있으나, 꼭 그렇게 생각할 필요는 없다. 부모가 대학생 자녀의 자취방을 구해주러 돌아다니는 원룸촌에서는 오히려 젊은 중개사보다 나이 있는 중개사가 더 유리할 수 있다. 아무래도 부모 세대는 장년의 중개사에게서 풍겨 나오는 관록을 무시할 수 없기 때문이다. 중개사무소에 취직하려면 중개법인과 마찬가지로 구인사이트에서 '중개사

무소'라고 검색해 구인 광고를 확인하면 된다. 실무 경험을
하루라도 빨리 쌓는 것이 중요하다.

중개사무소 급여 체계

중개사무소에 들어가겠다면 급여 체계를 미리 알아둘 필요
는 있다. 중개사무소는 인센티브제 외에도 다양한 제도를
채택하고 있다.

• 비율제(능률제)

인센티브제를 뜻하며 가장 일반적인 급여 체계다. 소공이
계약을 성사시키면 거기서 발생한 수익을 개공이 함께 일
정 비율로 나눠 갖는 것이다. 수도권은 5:5가 일반적인 것
으로 알려져 있다. 중개수수료로 100만 원을 받았다면 개
공과 소공이 50만 원씩 갖는 것이다. 경비나 세금을 제외하
고 나누는 경우도 있으니 취업할 때 분배 규칙을 미리 파악
해야 한다.

• 기본급(지원제)

기본급에 인센티브를 얹어주는 식이다. 최소한의 업무지원비를 쥐어주고 계약을 성사시키면 추가로 수수료를 나눠 갖는다. 이 경우 수수료는 당연히 개공이 좀 더 챙겨간다. 기본급으로 100만 원을 주고 개공과 소공 분배 비율을 7:3이나 8:2 등으로 정하는 것이다. 실적과 무관하게 최소한의 지원비가 보장되니 안정적이라는 장점이 있다. 그러나 기본급을 책정하는 사무소는 점점 줄어들고 있고, 기본급을 준다고 하면 경쟁률이 높은 편이다.

• 입금제

소공이 개공에게 사무실 사용료를 내고 일을 하는 방식이다. 대신 자신이 계약한 건의 수수료를 기여도에 따라 70~100% 챙겨간다. 자릿세를 낸다고 생각하면 된다. 보통 공동사무실에서 자주 볼 수 있는 급여 체계다. 입금제를 택한 사무실에서는 개공 아래에서 일할 수도 있고, 따로 개인사업자 또는 법인을 내서 영업할 수도 있다. 금전적으로 가장 유리하지만 경험이 부족한 초보가 하기에는 부담이 따르는 방식이다.

전문가의 노하우를 모두 배워라

부동산 계약 중개는 단순히 거래를 성사시킨다고 끝나는 게 아니다. 계약서는 양쪽 계약자 중 누구도 불리하지 않게 권리와 의무를 아주 합리적이며 형평성 있게 작성해야 한다. 혹시 있을지 모를 돌발변수에 대해서도 꼼꼼하게 안전장치를 마련해야만 한다. 거래마다 특성이 다르기 때문에 매번 작성되는 내용도 다르다. 따라서 거래에 필요한 최소한의 법률, 세무, 건축, 금융 지식도 알아야 하고, 권리 분석 및 상권 분석도 가능해야 한다. 부동산 종류와 가액에 따른 계약 당사자의 특징도 파악해야 한다. 각종 서류 준비와 물건 접수, 홍보, 손님 응대 등 업무를 세부적으로 나눠보면 결코 단순한 직업이 아님을 실감하게 된다.

특히 부동산 거래는 거액이 오고 가는 만큼 단 한 번의 실수로도 위태로워질 수 있다. 한국공인중개사협회에 따르면, 중개사고로 인한 공제금 지급 비율이 개업 1~3년 차의 초보 중개사들 사이에서 압도적으로 높게 나타난다고 한다. 공제금을 신청한다고 해도 모두 받을 수 있는 것도 아니다. 공제금 신청 건수는 매년 평균 약 500건인데, 이 중 실제 지급되는 경우는 200건 안팎이다. 게다가 공제금을 청구하는 절차는 까다로운데 유효기간은 짧다. 그렇기 때문에 중개법인의 체계적인 교육을 받거나 그에 준하는 전문가의 노하우를 배우고 경험을 쌓아 중개사고의 위험성을 줄이는 것이 중요하다.

자신만의 전문 분야를
만들어라

의사의 전공은 본과 졸업 후 인턴을 거쳐 레지던트 지원 시에 결정된다. 본인 마음대로 결정할 수 있는 건 아니고 근무 성적과 수련 진료과 등 조건이 맞아야 한다. 이후 레지던트 4년을 마치고 자격시험에 합격해야 그 분야 전문의가 되어 개원할 수 있다. 변호사에게도 부동산, 형사, 가사, 환경 등 전문 분야가 있다. 특정 분야의 전문 변호사가 되려면 3년 이상의 경력을 갖추고 해당 분야와 관련된 14시간 이상의

연수를 이수해야 한다. 또 해당 분야의 사건을 일정 수 이상 수임해야 한다.

이처럼 전문직도 전문 분야를 갖기는 상당히 어렵다. 그래도 일단 전문 분야가 정해지면 기회의 창이 크게 열린다. 필자와 가까운 한 부동산 전문 변호사는 "전문 분야가 있으면 홍보할 때 유리하고, 해당 업계 종사자로부터 고객을 유치하는 데 꽤 수월하다"고 전했다. 이는 공인중개사도 마찬가지라고 생각한다. 영업의 차별화와 효율성을 위해서라도 전문 분야 타이틀이 필요하다.

'공인중개사가 전문직도 아닌데 무슨 전문 분야가 있나?'라는 의문이 제기될 수도 있을 것이다. 일단 사회적 통념을 떠나 법적으로 보면, 공인중개사도 단행법에 의해 직위가 보장되는 전문직이다. 공인중개사법 제29조는 "개업 공인중개사 및 소속 공인중개사는 전문 직업인으로서 지녀야 할 품위를 유지하고 신의와 성실로써 공정하게 중개 관련 업무를 수행해야 한다"고 규정하고 있다. 특히 요즘은 진입장벽이 높아져 전문직군의 특징인 희소성도 커지는 추세다.

본인의 적성과 시장 상황을 확인하라

중개법인이나 사무소에서 일하며 여러 고객들을 상대해보고 거래를 진행했다면 본인이 편하게 느끼는 분야가 생길 것이다. 예를 들어 아파트를 찾는 고객의 대부분은 여성 주부들이다. 본인이 이들과 말이 잘 통하는지, 또는 공감대를 쉽게 형성할 수 있는지 곱씹어볼 필요가 있다. 물건에 따라 달라지는 주요 고객층을 매번 상대하기 벅차다면 시간이 지날수록 상당한 스트레스가 쌓일 수 있다.

그 밖에 공인중개사로서 이루고 싶은 강한 목표가 있다면, 그와 관련된 전공을 일찌감치 정해야 한다. 물론 선택은 신중히 해야 한다. 추후 개업할 때 간판에 '○○ 전문 공인중개사'라고 크게 적는다고 생각해보자. 결코 쉽게 고르지는 못할 것이다.

필자는 솔직히 부자들을 많이 만나보고 싶어서 빌딩 중개를 전문 분야로 정했다. 그래야 인맥의 폭이 넓어질 거라고 생각했다. 정보력에서 앞서가고 싶다는 욕심도 있었다. 당장의 수익보다는 이런 부분들이 더 중요했다. 필자는 빌딩 중개를 전문으로 하면서 원하던 바를 꽤 이루었다. 일단 부자들은 주변의 자산가들을 많이 소개해준다. 덕분에 인맥도 늘었고, 고급 정보도 자주 접하게 되었다. 또 연예인 등 유명인도 종종 만나게 된다. 이들은 부동산 거래 과정에서 보안을 아주 중요하게 여기기 때문에 소수의 공인중개사와 독점적 관계를 맺으려 한다. 중개사 입장에서도 유명인을 충성 고객으로 만들 수 있으니 나쁠 게 없다.

그렇다고 꼭 빌딩을 전문 분야로 택하라는 말은 아니다. 빌딩은 다른 부동산에 비해 매물량이 지극히 적은 데다 중개사 간 경쟁마저 치열해지고 있다. 심지어 변호사와 은행도 빌딩 중개업에 뛰어들고 있는 추세다. 2014년 시중은행 가운데 투자자문업 자격을 가장 먼저 획득한 신한은행은 빌딩 매매 관련 컨설팅을 하고 있다. 우리은행과 국민은행, KEB하나은행 등도 발을 들였다. 한때 '변호사 복덕방'으로 불렸던 트러스트 법률사무소는 무등록 중개업무로 유죄 판결을 받자 2017년 말 중개법인을 따로 설립하기도 했다. 이처럼 중개 시장 상황도 무시할 수 없는 변수다.

부동산 종류별 특징을
알아보자

본인의 전문 분야를 정하려면, 일단 부동산 종류별 특징을 알아놓고 그 중개업무가 적성에 맞는지 살펴봐야 한다. 특정 부동산의 매수인이나 임차인과 끊임없이 부딪친다면, 나중에 처음의 선택을 후회하게 될지도 모른다. 토지 중개의 경우 초보 중개사가 하기에는 부담이 상당히 큰 분야다. 거의 중개사 자격시험에 준하는 양의 정보를 따로 공부해야 할 수도 있다.

아파트

일단 아파트는 거래량이 많다. 한국부동산원에 따르면, 2020년 전국에서 거래된 아파트는 총 157만 5,375호였다. 주거용과 상업용 건물 통틀어 가장 많다. 그만큼 수요가 많아 최소한의 수익이 보장되는 분야다. 또 매매 시세, 전월세 등 가격 정보가 워낙 투명하게 공개되어 있어 시세 파악에도 유리하다. 권리관계 분석도 비교적 쉽다. 대신 진입장벽이 낮아 공인중개사들이 많이 몰려드는 분야라는 점도 명심해야 한다.

또 아파트는 입주자들과 원만한 관계를 유지하는 게 관건이다. 특히 신축의 경우 매도인의 자부심이 강해 가격을 조정할 때 난관에 부딪힐 수 있다. 요즘엔 입주자들끼리 카카오톡 대화방이나 인터넷 카페를 만들어 가격을 담합하는 경우를 쉽게 볼 수 있다. 게다가 이곳에서 공인중개사를 평가하기도 한다.

아파트 단지별로 진입장벽의 높낮이가 달라지기도 한다. 대단지 아파트일수록 중개가 회원제로 이루어지는 경우가 흔한데, 회원제 중개사무소는 광고 부담이 덜하다. 또 부동산 거래정보망을 갖추고 있어 회원끼리 거래를 안정적으로 할 수 있다. 반면 권리금이 비싸다는 단점이 있다. 다른 회원들의 '텃세'도 감당해야 한다. 만약 이런 단점을 극복할 수 있다면 비회원 중개사로 들어가는 것도 꼭 나쁘지만은 않다. 비회원 중개사는 회칙에 구애받지 않고 공격적으로 영업을 펼칠 수 있기 때문이다. 회원 중개사들은 주말에 일제히 쉬는 등 회칙을 따라야 하고, 여건상 매물을 확보하는 데 한계가 있다. 회원제 가입 여부는 중개사무소를 인수할 때도 참고할 만한 기준이 된다.

아파트 중개를 전문 분야로 결정했다면 항상 뉴스에 귀를 기울여야 한다. 시시각각 변하는 정부 정책의 영향을 가장 많이 받기 때문이다. 부동산 정책이란 기본적으로 집값 안정에 초점을 두고 있지만, 그 결과는 의도와 다르게 나타나는 경우가 일상다반사다. 자칫하면 정책에 따라 매매는 물론 임대 매물까지 자취를 감출 수도 있다. 아파트 중개를 하기로 마음먹었다면 정책의 향방을 면밀히 관찰해보고 개업 시기를 결정해야 한다.

원룸·오피스텔

원룸과 오피스텔은 처음부터 임대료를 받을 목적으로 매입하는 물건이다. 그렇기 때문에 중개 활동의 대부분은 임대 계약이 차지하게 될 것이다. 임장이나 권리 분석은 간단하다. 또 호별로 구분 소유되어 있어 거래 위험도 적은 편이다. 아파트처럼 회원제 여부를 따져보지 않아도 된다. 이러한 이점 때문에 초보 공인중개사들이 많이 택하는 분야다.

그렇다고 돈을 벌기 쉬운 구조는 아니다. 초반에 공인중개사 영업의 성패를 가르는 요소 중 하나는 매물 확보다. 같은 상품이라도 구멍가게에서 보는 것과 대형마트에서 보는 것은 느낌이 다르다. 매물을 다양하게 갖고 있어야 임차인에게 어필할 때 유리하다. 그런데 원룸·오피스텔의 소유주는 해당 건물에 살고 있지 않은 경우가 대다수다. 즉 매물을 확보하려면 소유주를 찾기 위해 정보망을 넓히고 발품을 팔아야 한다는 이야기다. 이 때문에 영업 능력이 관건이다.

그리고 다른 물건에 비해 온라인 광고 능력이 크게 요구된다. 원룸·오피스텔 임차인은 절대 다수가 온라인에 익숙한 20~30대이기 때문이다. 이들은 네이버, 직방, 다방 등

온라인 플랫폼을 활용해 물건을 찾는 경향이 강하다. 특히 온라인 중개앱의 투톱인 직방과 다방이 젊은 층이 많이 찾는 원룸·오피스텔을 타깃으로 삼아 성장한 사실은 익히 잘 알려져 있다. 중개앱을 잘 활용하면 손님을 끌어모으기는 어렵지 않다. 다만 주기적으로 들어가는 매물 광고비용은 부담이 될 수밖에 없다.

원룸·오피스텔 중개를 전문으로 하면 '큰것 한 방'을 노리기는 힘들다. 가격도 비교적 낮고 매매량도 적기 때문에 단건으로는 높은 매출을 올릴 수 없다. 2020년 전국에서 거래된 오피스텔 호수는 16만 1,642호로, 아파트(157만 5,375호)에 비하면 약 10분의 1에 불과하다. 하지만 임차인이 수시로 바뀌기 때문에 집주인과 관계를 잘 다져놓으면 꾸준히 수입을 얻을 수 있다. 박리다매식으로 생각하고 접근하면 괜찮은 분야다.

정부 정책의 영향은 아파트에 비해 덜 받는 편이다. 그러나 최근에는 아파트에 대한 규제로 오피스텔이 특히 관심을 받으면서 정부의 레이더망에 걸려들었다. 정부는 2020년 8월 이후 취득한 주거용 오피스텔(공시가격 1억 원 이상)은 취득세 산정 시 주택 수에 포함시키기로 했다. 이에 따라 다주택자들이 오피스텔을 내놓을 유인이 생겼다. 게다가 고강도 부동산 정책은 아파트 수요자들의 눈을 오피스텔로 돌리게 했다. 그 결과 2020년 1월 이후 1년 6개월간 오피스텔의 평균 매매가 상승률은 23.44%로 집계되어 아파트 매매가 상승률인 15.97%를 넘어섰다. 앞으로도 오피스텔 중개 전문업자들은 정부 정책의 추이에 주목할 필요가 있다.

빌딩

빌딩 중개는 경험이 부족한 개공들에게는 바로 추천하지 않는다. 분석해야 할 권리관계가 매우 까다롭고 영업 능력도 상당해야 하기 때문이다. 자금력도 어느 정도 필요하다. 필자도 중개법인에서 수년간 경험을 쌓고 인맥을 구축한 다음에야 뛰어들었다. 그 사이 빌딩 중개에 대한 전문성을 인정받고 싶어서 빌사남 브랜드를 알리는 데 상당한 노력을 기울였다. 빌딩 중개를 전공으로 삼으려면 명확한 목표와 법인화가 필요하다.

빌딩 중개 역시 다른 물건과 마찬가지로 매물 확보가 중요하다. 그런데 빌딩 소유주들은 자신의 개인정보가 알려지는 것을 극도로 꺼린다. 중개도 알음알음으로 이루어지는 경우가 흔하다. 당연히 다른 중개소와 물건을 공유하는 것도 쉽지 않다. 입장 바꿔서 본인이 건물주라고 생각해보자. 건물을 내놓았다는 것이 알려지면 그 안에서 장사하는 사람들이 동요하고 주변 시세에 영향을 미칠 게 뻔하다. 이는 임차인 입장에서도 마찬가지다. 그러니 되도록 빌딩 거래의 당사자는 조용히 중개가 이루어지길 원한다. 빌딩 중개를 전문으로 하려면 이 점을 이해해야 한다.

결국 빌딩 중개 시장에 들어가려면 각고의 노력을 기울여야 한다. 수시로 임장 활동을 하고, 수많은 사람들을 만나 명함을 돌리고 친해져야 하며, 인터넷 검색을 통한 각종 정보 수집 능력도 길러야 한다. 일단 어떤 방법을 써서든 '그들만의 리그'에 들어가는 데 성공하면 의외로 쉽게 풀릴 수도 있다. 건물주끼리 서로 소개해주는 경우가 많기 때문이다. 필자가 지금까지 만난 건물주만 5천 명 정도 된다. 빌딩 매물을 확보하는 노하우는 뒤에 고객 유치 방법과 함께 따로 설명하겠다.

빌딩 중에서도 진입장벽이 상대적으로 낮은 꼬마빌딩은 70억 원 아래의 10층 이하 빌딩을 가리킨다. 다가구주택과 호수 전체 소유자가 동일인인 다세대주택, 상가주택, 오피스, 상가, 원룸·고시원 건물 등이 여기에 해당한다. 종류가 꽤 많은데 각각의 설계와 인테리어, 근거 법령, 과세 기준 등을 숙지하고 있어야 한다. 특히 빌딩 소유주는 경제 지식이나 식견이 높은 경우가 많기 때문에 공인중개사도 그에 맞춰 공부를 할 필요가 있다.

또 빌딩 중개를 위해서는 개업 지역에 특히 신경 써야 한다. 개인적으로 서울 내에서는 강남, 성수, 한남, 홍대 정도를 추천한다. 그중에서도 강남이 제일 안전하다고 생각한다. 필자를 '강남만 찬양한다'며 비판하는 사람도 있다. 하지만 특정 지역을 띄우거나 깎아내리려는 의도는 결코 없다. 강남은 1970년대 이후 개발이 이루어지면서 도로 정비가 잘되었고, 일자리가 풍부하며, 학군도 우수하다. 일단 부자들이 몰려 살기 때문에 고급 인맥을 확보하기에 유리하다. 사업가들의 꿈 중 하나는 자신의 명함 주소란에 '강남구'가 찍혀 있는 것이다. 농담이 아니다. 강남의 사무실은 임대도 잘된다. 공유 오피스도 강남에서 매출이 많이 나온다. 정부나 기업의 대형 개발 계획도 대부분 강남에 몰려 있다. 개업 지역에 대해서는 2장에서 더 자세히 다루겠다.

토지

토지는 어떻게 보면 빌딩보다 더 까다로운 분야라고 할 수 있다. 우선 숙지해야 할 서류가 너무 많다. 토지와 관련된 법규는 120여 개에 달하고, 토지 용도는 공장용지, 목장용지, 과수원, 임야, 대, 답, 전 등 28개의 지목으로 구분된다. 게다가 각각의 지목에 적용되는 규제가 서로 다르다. 토지 전문 공인중개사는 이러한 법규와 규제를 이해한 다음 매수인에게 다리를 놓아줘야 한다. 자칫 제대로 알아보지 않고 중개했다가 개발 인허가를 못 받아 낭패를 당할 수도 있다. 요즘 매수 희망자는 중개사를 통해 개발 인허가 여부를 미리 확인받고 싶어 한다.

그리고 토지는 건물에 비해 정보가 부족하다. 인터넷으로 시세를 알아보기도 어렵고, 적정 매도가를 찾기도 쉽지 않다. 더군다나 지번이 복잡하게 얽혀 있으면 소유주에게 접촉하는 과정부터 힘들어진다. 또 공유(共有) 관계부터 지주 작업, 종중 땅 소유권 구분, 임대차제한, 개발제한 등 각종 법률 문제가 복잡하게 얽혀 있다. 이처럼 토지 중개를 전문으로 하려면 제약이 상당히 많다.

그럼에도 일부 중개사들은 왜 토지 중개를 하려는 걸까. 일단 진입장벽이 높다 보니 경쟁자가 적다. 그리고 토지 개발 기회를 선점하기에 유리하다. 중개업무를 하면서 개발 주체가 될 수도 있는 것이다. 개발을 잘하면 엄청난 큰돈을 만질 수 있는 기회도 많아진다. 2021년 3월 불거진 LH 직원들의 투기 대상이 신도시 주변의 땅에 몰려 있었다는 사실은 토지의 수익률이 상당하다는 것을 방증한다. 그들의 불법성 투기는 지탄받아 마땅하다. 그러나 공인중개사라면 적어도 공기업 직원들이 왜 토지에 눈독을 들였는지는 알아봐야 한다.

토지 중개를 결심했다면 수차례 현장 답사를 통해 개업하려는 장소의 지리를 꿰고 있어야 한다. 또 '토지이용계획'을 꼼꼼히 확인해 해당 지역의 토지 활용 사항을 숙지해야 한다. 나아가 지자체의 '도시기본계획'이나 '도시관리계획'을 주기적으로 확인해 토지가 어떤 방식으로 개발될 것인지 예측할 수 있는 근거를 갖춰야 한다. 주변의 세무사와 법무사, 토목 측량사무소 등과도 협력관계를 잘 다져놓으면 좋다. 그러면 토지 중개를 할 때 제공 가능한 서비스의 폭이 넓어진다.

우리나라 공인중개사의
현재와 미래

11만 5,860명. 정부가 집계한 2021년 1월 개업 공인중개사 숫자다. 2020년에 처음 11만 명을 돌파한 이후로 꾸준히 늘고 있다. 매년 부동산 규제책이 강화되면서 중개업계가 불황이라는 이야기가 파다하지만, 수치만 놓고 보면 오히려 그 반대다.

　게다가 부동산 중개시장에 들어오려는 사람들도 갈수록 증가하고 있다. 한국산업인력공단에 따르면, 2021년 제

32회 공인중개사 시험에 접수한 인원은 40만 8,492명으로 집계되었다. 역대 최다를 기록한 2020년(34만 3,011명)보다 6만여 명 늘어나 또 최고 기록을 경신했다. 연령도 낮아지고 있다. 2020년 응시생 중 약 61%가 30~40대로 파악되었다. 공인중개사가 은퇴 후 노후 대비를 위한 자격증이라는 인식이 옅어지고 있음을 여실히 보여준다.

그럼에도 공인중개사라는 직업을 보는 인식은 크게 달라지지 않고 있다. 아직도 어르신들 중에는 공인중개사 사무소를 두고 '복덕방'이란 표현을 쓰는 분들이 꽤 있다. 꼭 틀린 표현은 아니다. 하지만 복덕방은 1970년대 부동산 가격 급등과 맞물려 투기 조장, 가격 조작, 정보 미공개 등 크고 작은 사회문제를 일으켜 비판을 받은 바 있다. 이 같은 복덕방을 규제하기 위해 1984년 부동산중개업법을 제정해, 전문성을 갖춘 공인중개사에게 부동산 중개를 맡기기 시작했다.

해외에서는 공인중개사가 유망한 직업으로 받아들여지고 있다. 대우도 좋은 편이다. 2021년 미국 뉴스&월드 리포트(U.S. News & World Report)는 미국 노동통계국 자료를 바탕으로 선망받는 직업을 뽑았다. 이 가운데 공인중개사는 학위를 요구하지 않는 직업 중 돈을 많이 버는 일자리 20위권에 이름을 올렸다. 공인중개사의 연봉 중간값은 4만 8,930달러(약 5,800만 원)로 조사되었다.

대신 자격증을 따는 일은 결코 쉽지 않다. 미국에서 공인중개사로 일하려면 우선 중개보조원 자격을 취득해야 한다. 중개보조원이 되려면 18세 이상의 고등학교 졸업자로서 필기시험에 합격해야 한다. 이후 3년 정도 일한 뒤에 중개보조원보다 더 광범위한 내용이 담긴 필기시험을 통과해야 비로소 공인중개사가 될 수 있다. 그 뒤에도 1~2년에 한 번씩 정부가 지정한 교육 프로그램을 이수해야 자격을 유지할 수 있다.

우리나라 공인중개사가 나아갈 길

한국도 공인중개사 문턱을 높이는 방안을 추진하고 있다. 정부는 공인중개사 시험 난이도를 조정하는 방안을 고려 중이라고 2021년 7월 국회에 밝혔다. 이미 전문가들은 "합격자 수 조절을 위해 시험을 어렵게 내고 있다"고 보고 있다.

공인중개사 자격증을 따기 어려워졌으니 그만큼 잘 대우해달라는 뜻은 아니다. 전문성을 빨리 인정해달라는 뜻도 아니다. 우선 바뀌어야 할 것은 대중의 인식이 아니라 공인중개사 업계의 태도다. 필자가 상권 분석을 위해 공인중개사 사무소 답사를 다니다 보면 추리닝에 슬리퍼를 신고 손님을 맞이하는 공인중개사들을 종종 보곤 한다. 몇 번을 들러도 뜨내기 손님인 양 눈길 한번 제대로 주지 않는 분들도 적지 않다. 사무소를 마치 동네 사랑방처럼 쓰는 분도 있다. 또 매물 검색을 의뢰하면 종이 더미를 한참 뒤적이는 분도 계신다.

자꾸 해외 사례랑 비교하는 것 같아 마음이 편치 않지만, 그래도 이야기해보려 한다. 일본의 공인중개사들 대부분은 손님이 방문할 때마다 90도로 허리를 숙여 인사한다. 옷도 늘 말끔한 정장 차림이다. 상담을 받아보면 체계적인 서비스 교육을 이수했음을 느낄 수 있다. 부동산 정보를 확인·검색하는 프로그램도 잘 만들어져 있어 매물을 찾는 데 시간이 오래 걸리지 않는다. 이 때문에 부당거래의 원인으로 지적되는 정보의 비대칭성도 거의 일어나지 않는 편이다.

이제 우리나라 공인중개사들도 업무 방식의 선진화를 위

해 노력해야 한다. 이는 시대의 흐름이자 국민들의 인식 개선을 향한 첫걸음이다. 다만 일각에서는 "중개수수료가 너무 낮아 좋은 서비스를 제공할 필요성을 못 느낀다"는 의견도 있다. 실제 한국의 중개수수료 법정 상한선은 0.9%로 1%가 채 안 된다. 일본과 미국이 각각 5%, 6%인 점을 감안하면 수수료가 적은 건 사실이다.

하지만 한국 소비자들은 수수료 0.9%마저도 비싸다고 생각하는 경향이 짙다. 2020년 12월 국민권익위원회 설문조사에서 응답자의 53%가 "부동산 중개료 부담이 과하다"고 답했다. 필자는 이와 같은 인식이 공인중개사 업계의 질 낮은 서비스에서 기인한다고 생각한다. 공인중개사들이 스스로 양질의 서비스를 제공함으로써 수수료를 올려 받을 수 있는 사회적 인식을 조성해야 한다. 2019년 승차공유 서비스 타다와 택시업계의 갈등은 반면교사가 될 수 있다고 본다. 당시 국민들 사이에서는 "택시기사들이 승객 서비스 제고는 고려하지 않고 이권만 챙기려 한다"는 비판이 제기되었다.

공인중개사들이 서비스 질을 높인다면 중개료 인상에 대한 여론이 조성되는 것도 불가능하지 않다고 확신한다. 또 서비스에 집중하는 것은 포화 시장이 된 공인중개사 업계에서 살아남을 수 있는 생존 전략이기도 하다. 이와 함께 차별적이고 독특한 홍보 전략도 곁들여야 한다. 나아가 종국에는 개인 공인중개사들이 기업화할 수 있는 길을 모색해야 한다.

2장

개업을 결심했다면
반드시 고민해볼 것들

사무소 이름은
어떻게 지을까?

빌사남 건물은 서울 역삼동에 있다. 국토교통부 홈페이지에 나와 있는 역삼동 개업 공인중개사무소를 전부 찾아보았다. 2021년 8월 기준 792곳이 검색되었다. 이 가운데 상호가 중복되는 곳을 나열해보았다. '하나' '현대' '우리' '가람' '삼성' '황금' '제일' '하늘' 등이 눈에 띄었다. 특히 '강남 공인중개사 사무소'란 이름이 똑같은 사무소는 14곳으로 가장 많았다.

언급한 이름의 사무소를 폄하하려는 의도는 눈꼽만큼도 없다. 단지 같은 이름의 사무소가 한데 몰려 있다는 것을 말하고 싶었을 따름이다. 비단 역삼동뿐만 아니다. 전국에서 동일한 상호의 공인중개사 사무소를 찾는 것은 어렵지 않다. 오죽하면 이런 일도 있었다. 지난 2008년 어떤 사람이 온누리, 한마음, 행운, 엄지 등 공인중개사 사무소들이 자주 쓰는 상호를 특허청에 등록해놓은 뒤, 해당 상호로 개설한 사무소에 사용료를 요구한 적이 있었다고 한다. 이에 공인중개사협회가 법적 대응을 시사한 바 있다. 웃지 못할 헤프닝이다.

상호에 성패가 달려 있다

그렇다면 상호가 부동산 중개 영업에서 얼마나 중요할까? 속된 말로 '절반은 먹고 들어간다'고 표현하고 싶다. 만약 근방에 같은 이름의 공인중개사 사무소가 너무 많다면, 이때는 상호가 생사를 결정짓는 요소가 될 수도 있다.

필자가 '빌사남'이란 이름을 생각한 건 2014년이다. 당시 블로그 활동을 하면서 썼던 닉네임이 '빌딩거래하는청년'이었다. 이 닉네임으로 글을 올리다 보니 사람들에게 "'거래'라는 단어가 너무 상업적으로 들린다"는 지적을 받았다. 그래서 거래를 '사랑'으로 바꾸었다. 이후 청년이란 단어는 정체성을 스스로 한정 짓는 것 같아 '남자'란 포괄적인 단어로 바꾸었다. 그 결과 '빌딩과 사랑에 빠진 남자'란 문장이 탄생했다. 줄여서 빌사남이다.

이 같은 이름으로 2017년 1월 지금의 회사를 설립했다. 현재 전국에 등록된 개업 공인중개사 사무소 중 빌사남이란 상호를 쓰는 곳은 한 곳뿐이다. 우리 고객들은 상호를 듣자마자 "무슨 일을 하는 곳인지 알겠다"는 반응을 보였다. 대다수는 이름을 잘 지었다며 긍정적으로 평가해주었다. 이름이 특이해서 지나가다가 들렀다는 사람도 가끔씩 있다. 그 사람들이 잠재 고객이 되지 않으리라는 법은 없다.

상호는 반드시 특이해야 한다. 또 기발하면서 창의적이어야 한다. 뻔하지 않은 상호는 고객들이 한 번 더 기억하게 되어 있다. 학창 시절을 떠올려보면 이름이 특이했던 친구는 친분과 상관없이 기억나는 경우가 많다. 상호도 마찬가지다. 사람들의 뇌리에 단번에 박히게 해야 한다. 그와 동시에 상호만으로 사업의 성격까지 보여줄 수 있다면 금상첨화다. 처음엔 유치하게 들릴 수도 있지만, 상호가 매출로 직결된다면 유치한 게 대수랴.

상호를 잘 지어야 한다는 건 페이지를 할애해 길게 이야기할 필요도 없는 기초적인 내용이다. 그럼에도 중복된 상호가 많다는 사실은 이 기초를 간과하는 경우가 잦다는 것을 보여준다. 특정 상호의 중복 여부와 공인중개사 사무소의 현황을 알아보려면 국토교통부의 '국가공간정보포털(www.nsdi.go.kr)' 사이트를 활용하면 된다. 다시 한번 강조하자면, 사무소 상호를 짓는 일은 자녀 이름을 짓는 것만큼 중요하다. 아예 처음부터 공인중개사 영업의 성패가 이름에 달려 있다고 생각하자.

상호에 지역명을 쓰지 말자

개인적으로는 '강남 사무소' '마포 사무소' '용산 사무소'처럼 특정 지역명이 상호에 들어가는 것은 지양해야 한다고 본다. 지역명을 쓰면 뭔가 해당 지역에 특화되어 중개가 더 잘될 것 같다고 보는 측면이 있는 듯하다. 지명이 잘 알려지지 않은 지방에선 그럴 수도 있다. 하지만 25개 자치구 이름마저 모두 익숙해져버린 서울에선 그저 많고 많은 사무소 중 하나로 간주될 따름이다. 유명한 지역명을 쓴 상호는 나중에 상표권을 등록하려고 해도 쉽지 않다. 현저한 지리적 명칭이나 그 약어로 된 상표는 상표등록을 인정할 수 없다고 법에 규정되어 있기 때문이다. 즉 법적으로도 독창성을 확인받기 힘든 셈이다.

게다가 지역명으로 지은 상호는 스스로 중개 범위를 한정 짓는 자충수가 될 수도 있다. 나중에 자세히 설명하겠지만, 모든 공인중개사 사무소는 수익 극대화를 위해 법인화를 고려해야만 한다. 그때 기존 상호에 포함된 지역 이름을 법인명으로 가져가면 처음부터 '전국구 회사'가 되는 길은 접고 들어가는 셈이다. 또 인터넷 카페 등에는 기존 공인중개사 사무소들이 상호를 바꿨다며 알리는 글이 자주 올라온다. 영업 무대를 바꾼 게 주요한 이유다. 이처럼 장소를 옮길 때마다 사무소 이름이 달라지면 상호의 고유성을 지키기 힘들다. 사실상 브랜드화는 어렵다고 봐야 한다.

사무소 위치는
어디가 좋을까?

기존에는 공인중개사 업계에 '부동산은 1층'이란 인식이 깊게 뿌리내리고 있었다. 또 무조건 대로변의 눈에 잘 띄는 곳에 자리 잡아야 한다는 게 원칙처럼 여겨졌다. 인터넷이 보편화되기 전까지는.

　이제는 사무소를 차리기 위해 반드시 목 좋은 곳을 찾아다닐 필요가 없어졌다. 대부분의 손님들이 인터넷으로 미리 찾아보고 방문하기 때문이다. 옛날처럼 '워킹 고객(걸어 다니다가 방문하는 손님)'은 거의 없다고 봐야 한다. 빌사남 사무실은 강남 테헤란로 이면의 골목길에 자리 잡고 있다. 층수도 7층이다. 하지만 지리적 제약은 전혀 없다고 생각한다. 괜히 목 좋은 곳에 자리 잡으려고 권리금을 지나치게 많이 써버리면 훨씬 손해다. 차라리 권리금으로 쓸 돈을 나중에 홍보 활동에 지출한다고 생각하면 장기적으로 이득이다. 싱거운 결론이지만, 위치에 너무 집착할 필요는 없다.

지리적 위치보다 활동 지역을 고려하자

하지만 활동 무대는 고려할 필요가 있다. 나중에 영업을 할 때 중요한 변수가 되기 때문이다. 우리나라 부동산 중개시장은 전속 중개 계약시스템이 아니다. 즉 매도인은 하나의 매물을 복수의 공인중개사에게 맡길 수 있다. 그래서 매도인은 가급적 지리적으로 가까운 곳에서 영업 중인 중개사들에게 매물을 내놓는 편이다. 매물을 맡아주는 중개사가 많을수록 잘 팔릴 것이라는 심리적 기대감도 한몫한다.

　또 중개사 입장에선 매물을 다양하게 확보하기 위해 주

변 매도인을 최대한 많이 설득해야 한다. 나중에 자세히 설명하겠지만, 이런 영업 활동은 매출의 근간이 된다. 그렇기 때문에 초반에 지역 기반을 잘 닦아두는 게 중요하다. 빌사남 사무실도 대로변에서 눈에 띄지 않는 곳에 있지만, 그 대로가 테헤란로라는 사실은 중요한 변수로 작용한다.

본인이 특정 지역에서 오랫동안 거주해 원주민들을 많이 알고 지리적 환경에 익숙하다면 해당 지역에서 개업하기를 권장한다. 하지만 그렇지 않다면 수요층과 거래량이 많은 곳을 주목해야 한다. 그런 곳은 투자자들이 관심을 기울이는 지역이다. 이는 곧 공인중개사들에게 개업을 추천하는 지역과 일치한다.

눈여겨볼 만한 곳

투자자 입장에서 주목해야 할 지역은 어떤 곳들일까? 우선 20~30대가 주로 모이는 지역 위주로 알아보는 것이 좋다. 다만 유행을 너무 따라가는 건 자제해야 한다. 기본적으로 상권이 활성화되기 위해서는 사람들의 이동이 편해야 한다.

A급 상권을 보면 대부분 지하철역 근처에 형성되어 있다. 또 언덕길이나 내리막길이 없어 접근하기 좋은 경우가 일반적이다. 새롭게 각광받는 곳보다는 이미 검증되었고 오랫동안 유동인구가 많이 찾는 상권에 투자하는 것이 안전하다.

이런 상권 중에서도 환금성이 높은 곳 위주로 투자하는 것이 좋다. 환금성이 높은 곳은 수요자가 많다. 동시에 추후 가격 상승을 기대할 수 있다. 주요 상권의 이면도로 등 드러나지 않은 안쪽도 꼼꼼히 살펴봐야 한다. 아직 상권이 발달하지 않은 장소가 있다면, 투자를 할 만한 건물들이 많다는 것을 뜻한다. 공인중개사 입장에서도 이러한 곳을 눈여겨볼 필요가 있다.

기본적으로 매매가 안되는 곳은 무조건 피해야 한다. 많은 매매량은 가격 상승을 이끌고, 이는 부동산 중개업의 수요 증가로 이어진다. 항상 '나는 이 상권을 이용할까?'라고 스스로에게 질문을 던져야 한다. 본인부터 매력적이라고 느끼지 않는 지역에서 개업을 서두르는 건 총 한 자루 없이 전쟁에 뛰어드는 것과 다름없다.

서울 내 부동산 중개업
'핫스폿'

필자는 2020년 12월에 펴낸 책 『빌사남이 알려주는 꼬마 빌딩 실전 투자 가이드』를 통해 서울 내 눈여겨볼 만한 빌딩 투자 지역을 짚은 적이 있다. 이는 서울에서 개업을 고려 중인 공인중개사에게도 시사하는 바가 크다. 당시 소개한 내용에 최신 상황을 반영해 개공에게 도움이 될 만한 '핫스폿'을 추천하려 한다. 빌딩 거래 중개를 염두에 두고 있다면 특히 유익할 것이다. 또한 원룸·오피스텔 중개를 준비 중인

(단위: 건)

강남구		성동구		용산구		마포구	
개포동	6	금호동1가	3	갈월동	5	공덕동	3
논현동	60	금호동4가	2	용산동2가	4	동교동	8
대치동	9	마장동	4	이태원동	25	망원동	14
도곡동	8	성수동1가	26	한강로1가	6	서교동	48
삼성동	20	성수동2가	27	한강로2가	4	아현동	2
신사동	58	옥수동	4	한남동	25	연남동	22
역삼동	51	용답동	5	후암동	8	상수동	15
청담동	33	행당동	3			합정동	13

자료: 국토교통부

분들도 참고할 만하다. 오피스의 수요가 많다는 건 사람들이 몰려든다는 것을 뜻하고, 자연스럽게 원룸이나 오피스텔을 찾는 수요도 증가할 것이기 때문이다.

강남구

빌딩에 투자하고자 한다면 가장 먼저 검토해야 할 지역이 바로 강남이다. 강남은 서울에서 늘 거래량 상위권에 속하는 곳이고, 환금성도 높은 지역이다. 그래서 강남은 서울뿐만 아니라 수도권과 지방에 있는 사람들까지도 관심을 많이 갖는다. 이는 곧 공인중개사 입장에서도 관심을 가져야 하는 지역임을 뜻한다.

2021년 상반기 서울에서 가장 많은 빌딩 거래가 이루어진 곳도 강남이다. 국토교통부 실거래가 자료에 따르면, 강남구에서 성사된 빌딩 거래 건수는 246건으로 1위를 기록했다. 그 뒤를 종로구(179건)와 마포구(178건) 등이 이었다. 강남구 내에서도 논현동(60건), 신사동(58건), 역삼동(51건) 등 주요 상권 지역이 거래량 상위권을 차지했다. 이러한 결과는 2020년 6월 청담동, 대치동, 삼성동이 토지거래 허가구역으로 묶이면서 거래량이 줄어든 데 따른 반사이익으로 보인다. 강남에 입성하려는 공인중개사들은 논현, 신사, 역삼을 꼼꼼하게 살펴볼 필요가 있다.

강남의 빌딩 거래량이 두드러지는 이유는 여러 가지가 있겠지만, 가장 큰 이유는 지리적 여건이라고 본다. 강남에는 지하철 2호선, 3호선, 7호선, 9호선, 분당선, 신분당선 등 많은 노선이 연결되어 있다. 이 때문에 서울 거주민뿐만 아니라 수도권 거주민들도 편하게 이동이 가능하다. 또 광역

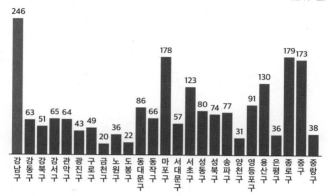

서울 지역구별 상업용 부동산 거래량(2021년 1~6월)

(단위: 건)

자료: 국토교통부

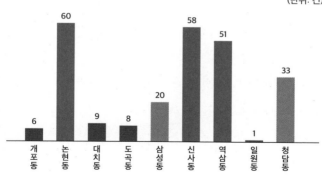

강남구 상업용 부동산 거래량(2021년 1~6월)

(단위: 건)

자료: 국토교통부

버스 노선도 많이 있어 버스를 이용해 강남까지 쉽게 올 수 있다. 강남 어디든 차를 타고 들어갔다 나오기도 쉽다. 바둑판처럼 도로가 정비되어 있는 덕분이다.

이처럼 교통이 편리하고 여러 회사들도 밀집되어 있기 때문에 강남에 사람들이 많이 몰리게 된다. 그러다 보니 빌딩 거래도 많이 일어나기 마련이다. 빌딩을 사려는 사람들도 이쪽에 많이 거주한다. 가격이 꾸준히 오를 수밖에 없는 구조다. 빌사남이 서울 중구로 잠깐 사무실을 옮긴 적이 있다. 그때 법인 등록을 위해 중구청을 찾았다. 당시 담당 공무원이 빌사남 관련 서류를 보더니 "부동산 중개하는 곳 중에 이렇게 직원 많은 곳은 처음 봤다"며 혀를 내둘렀다. 강남에 있을 때는 그런 반응이 없었는데 말이다. 그 말인즉슨 중개법인은 대부분 강남에 몰려 있다는 것 아닐까?

한편 시장이 혼란스러울수록 더 안전한 자산을 찾으려는 경향이 강해진다는 것을 명심할 필요도 있다. 코로나19 사태가 그 대표적인 사례다. 한국뿐만 아니라 전 세계적으로 코로나 지원금이 시중에 풀리면서 돈의 가치가 떨어졌다. 이 때문에 현금 보유를 지양하는 추세가 늘어났고, 동시에 빌딩이 안전한 투자처로 떠오르게 되었다. 특히 강남에서는

▲ 강남구 지도

자료: 네이버

아파트를 늘리는 것보다 빌딩을 새로 공급하기가 더 어렵다. 핵심 입지에 있는 빌딩은 비싸더라도 필요하면 구매하기 마련이다.

용산구

용산구는 투자자들이 지속적으로 관심을 가지고 있는 지역 중 하나다. 우선 서울의 중심부에 있어 사통팔달의 교통 요충지다. 한남뉴타운과 국제업무지구, 용산공원 등 각종 개발 호재도 적지 않다. 또 마포구, 송파구와 함께 50억 원 미만의 꼬마빌딩 거래가 활발한 지역으로 꼽히기도 한다. 이와 관련해 "강남의 부동산 가격이 급등하면서 매물을 찾기 쉽지 않아 다른 지역으로 눈을 돌린 것"이라는 분석이 나온다.

용산구 중에서도 거래량이 눈에 띄는 곳은 한남동이다. 이곳은 청담동과 함께 대표적인 부촌으로, 서울 중앙에 있어 강남과 강북을 쉽게 오갈 수 있다. 풍수지리적으로 보면 앞에는 큰 강(한강)이 흐르고 뒤에는 산(남산)이 있는 배산임수 지형의 명당이다. 그래서 대기업 총수나 연예인 등 유명 인사들이 많이 거주하는 곳으로도 유명하다. 최근에는 배우 송혜교가 한남동 소재 건물을 195억 원에 사들인 것으로 알려졌다.

재력가들이 많다 보니 주변 분위기도 여유롭다. 전통적 상권과는 다른 고급스러움이 가득하다. 한남동에서 빌딩을 매입하기 위해 많이 찾는 장소로는 한강진역에서 제일기획으로 이어지는 일명 '꼼데가르송길'과 순천향대학교병원, 나인원한남, 한남더힐 인근 등이 꼽힌다.

이 밖에도 삼각지역과 신용산역, 용산역 주변도 주목할 만하다. 특히 신용산역 근처에는 아모레퍼시픽과 하이브(구 빅히트엔터테인먼트) 등 핫한 회사의 사옥들이 모여 있다. 하

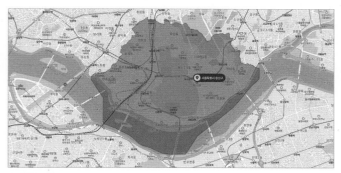

▲ 용산구 지도   자료: 네이버

이브는 BTS를 필두로 한 엔터테인먼트 산업 외에도 교육, 게임 등 다양한 영역의 문을 두드리고 있다. 업계에선 하이브가 용산을 근거지로 해서 복합문화 기업으로 뻗어나갈 것으로 보고 있다.

또 용산 주변에는 고층 아파트와 주상복합단지 등이 몰려 있어 기본적으로 유동인구가 많은 편이다. 최근 들어 이 지역의 빌딩 가격이 많이 올라서 장기적으로도 투자 가치가 높다고 할 수 있다.

이태원동과 해방촌, 후암동 쪽도 사람들이 많이 찾는 동네다. 특히 이태원동의 경리단길은 코로나19 탓에 발길이 끊겼다가 요즘 들어 다시 활력을 되찾는 추세다. 용산구가

지역 예술가들을 위해 골목상권 디자인을 개선하는 작업에 착수한 게 긍정적으로 작용했다. 해방촌은 언덕길에 있어 찾아가기 힘들지만 서울 시내를 한눈에 볼 수 있을 정도로 조망이 좋아 많은 사람들이 찾고 있다.

성동구 성수동

성동구 성수동은 몇 년 전까지만 해도 노후된 공장밖에 없던 낡은 지역이었다. 하지만 최근 들어 건물들의 리모델링이 이루어지고 신축 건물이 들어서면서 분위기가 많이 바뀌었다. 갤러리아 포레, 아크로포레스트, 트리마제 등 고급 아파트들도 자리를 잡았다. 게다가 서울시는 성수동의 오래된 제조업 중심 준공업지역을 IT 중심 첨단산업 핵심거점으로 육성하겠다는 계획을 밝힌 상태다. '인스타 감성'이 물씬 풍기는 성수동 카페거리는 젊은 층 사이에서 핫플레이스로 떠오르고 있다.

성수동은 성수동1가와 성수동2가로 나뉜다. 성수동1가는 어느 정도 개발이 되어 상권이 활발하다. 2020년 말 1가에선 60년 된 연면적 56m²짜리 상가 건물이 23억 원에 팔렸다. 3.3m²당 가격이 1억 원을 넘어섰다. 1가에서 왕래가 잦은 곳은 카페거리를 비롯해 갤러리아포레 앞 아틀리에길, 뚝섬역 인근, 연무장길 등이 꼽힌다. 특히 서울숲은 주거시설과 도심이 잘 어우러져 있어 주변 상권의 확장 가능성이 큰 곳이다. 이처럼 지나치게 상업적인 분위기 대신 자연과 조화를 이루는 분위기가 앞으로 도심 지역의 트렌드를 이끌 것으로 예상된다.

한편 성수동2가는 아직 낡은 공장이 많아 사람들의 발길이 비교적 뜸하다. 하지만 곳곳에서 공장의 느낌을 살린 색다른 분위기가 연출되고 있다. 일례로 2가의 터줏대감인 대림창고는 1970년대 초 정미소로 사용되다가 최근 복합 문화공간으로 탈바꿈했다. 레스토랑으로도 운영되는 이곳은 특유의 공장 느낌이 남아 있어 인기를 끌고 있다. 추후 2가에서도 개발이 진행되면 성수동 상권이 넓어지는 것은 시간 문제로 여겨진다.

성수동은 용도지역이 준공업지역이라는 점도 주목할 만하다. 준공업지역은 토지 활용도가 좋고 상업지역보다 상대적으로 저렴하다는 장점이 있다. 강남과 거리도 가까워 회

▲ 성동구 성수동2가 지도 　　　　　　　　　　　　　　　　　　자료: 네이버

사 사옥들이 이곳으로 많이 이전하고 있다. 유니베라, 위비스, 원더플레이스 등 패션 기업들이 그 예다. 특히 유니콘(기업가치 1조 원 이상의 비상장기업) 대열에 든 온라인 패션 플랫폼 무신사도 최근 성수동에 둥지를 틀었다. 일각에서는 무신사가 이곳에 '무신사타운'을 조성할 것이란 전망을 내놓기도 했다. 그 밖에도 성수동에는 레미콘 부지 개발, 한강변 주거시설 개발 등 여러 호재가 많다. 임대료는 상대적으로 저렴하지만 성장 잠재력이 큰 동네를 찾는다면 성수동을 주목할 필요가 있다.

마포구

• 홍대

마포구에 위치한 홍익대학교 주변은 오래전부터 상권이 잘 형성된 곳이다. 이는 곧 투자자들이 지속적으로 관심을 갖는 지역임을 뜻한다. 다만 최근 들어 상권이 안 좋아졌다는 소식이 들려오고 있다. 한국부동산원에 따르면, 홍대와 그 주변을 아우르는 합정 일대의 2021년 2분기 소규모 상가 공실률은 22.6%로 조사되었다. 명동(43.3%)과 이태원(31.9%)보다는 덜 심각하지만 전국 평균(6.4%)과 비교해보면 낮지 않은 수치다. 코로나19 이후 강도 높은 사회적 거리두기가 이어지면서 버티지 못하고 떠나가는 상인들이 많기 때문인 것으로 분석된다.

하지만 홍대가 몰락했다고 단정 짓기에는 무리가 있다. 홍대 상권은 중소벤처기업부가 내놓은 소상공인 디지털 전환 정책에 맞춰 메타버스 구현을 위한 방안을 모색 중이다. 또 서브컬처와 팬덤에 열광하는 MZ세대를 겨냥해 독특한 콘텐츠를 발굴하기 위한 노력을 기울이고 있다. 홍대의 대표적 미팅 장소인 AK&홍대에 입점한 애니메이션 굿즈 전문숍과 장르 콘텐츠 전문 카페 등이 그 예다. 지리적으로도 홍대는 서울 북서쪽 상권을 대표하는 지역이다. 서울 사람뿐만 아니라 일산, 김포, 광명 등 수도권 사람들까지도 친구나 지인을 만날 때 이곳으로 모인다.

특히 홍대입구역은 지하철 이용객이 가장 많은 2호선과 서울의 동서를 연결하는 경의중앙선이 겹치는 환승 지점이다. 또 김포공항과 인천공항이 연결된 공항철도까지 더해져 3개 노선이 맞물리는 지역이다. 공항철도의 경우 공항까지 한 번에 연결되기 때문에 외국인들이 홍대에 숙소를 잡는 경향이 짙다. 덕분에 숙박업과 게스트하우스 등이 발달했다. 코로나19 이후 외국인 관광객이 늘어나면 상권이 부활할 가능성을 배제할 수 없다.

홍대 상권은 홍대 클럽거리와 홍대 정문, 잔다리길, 주차장길, 놀이터 주변 등이 메인이다. 북쪽으로는 오복길, 다복길, 경의선숲길과 연결되어 있다. 남쪽으로 가면 합정동 카페거리, 상수역 인근, 더 나아가 서울화력발전소까지 확장되어 있다. 서울화력발전소의 전신은 우리나라 최초의 석탄발전소인 당인리발전소로, 현재 복합화력발전소로 바뀌 지하화하는 작업이 진행되고 있다. 이렇게 되면 세계 최초의

지하 화력발전소 타이틀을 추가로 거머쥐게 된다. 또 지상
은 문화적 가치를 생산하는 복합문화공간으로 조성할 계획
이다. 콘텐츠를 기반으로 부활을 노리는 홍대 상권과 가치
를 공유할 수 있을 것으로 보인다.

● **연남동**

홍대 다음으로 유동인구가 많은 곳은 마포구 연남동이다.
일명 '연트럴파크'로 더 유명한 경의선숲길을 기준으로 이
면까지 상권이 형성되어 있다. SNS에서 눈에 잘 띄지 않는
가게까지 핫플레이스로 등극하면서 상권은 좁은 골목까지
뻗어나가는 중이다. 연남동의 3.3m²당 토지 가격은 2019년
상반기 5,942만 원에서 2021년 상반기 7,806만 원으로
1,864만 원(31.4%) 급상승했다.

연남동은 유흥 위주 분위기의 홍대와는 다른 느낌을 풍
긴다. 경의선숲길 공원으로 이어져 자연과 도심이 어우러진
이색적인 분위기는 다양한 연령대의 사람들을 끌어모으고
있다. 코로나19 직격탄을 맞은 홍대 상권의 유동인구 또한
흡수하는 모양새다. 주말에는 가족 단위로도 많이 찾는 것
으로 알려져 있다.

특히 연남동은 성수동과 마찬가지로 노후 단독주택을 허물고 점포로 개조한 건물을 쉽게 찾아볼 수 있다. 창작자를 위한 편집숍을 모토로 단독주택을 개조해 만들어진 연남방앗간이 그 예다. SNS에서 "갬성(감성) 돋는 카페"란 찬사가 쏟아지는 이곳은 도시재생의 성공적 사례로도 소개된다. 연남동 상권이 뜨면서 투자금도 몰려들고 있는데, 그룹 씨스타 출신 소유는 지난 2016년 매입한 연남동 꼬마빌딩을 2021년에 팔아 16억 원에 달하는 시세차익을 보기도 했다.

• 망원동

마포구 망원동도 망원시장을 중심으로 상권이 계속 확장되고 있다. 다양한 먹거리가 모여 있는 망원시장은 최근 들어 방송국 PD들과 유튜버들이 카메라를 들고 찾아오는 곳이기도 하다. SNS에서 많은 젊은이들은 망원동을 경리단길에 빗대어 '망리단길'이라 부르며 주목하고 있다. 망원동 주변에는 독특한 분위기의 카페와 상점 등이 생겨나는 추세다. 한강공원과 가깝다는 이점 때문에 많은 사람들이 한강을 가기 전에 망원동에서 음식을 포장해 가는 경우도 흔하다.

연남동과 망원동은 전통의 강자 홍대와 더불어 강북의

▲ 마포구 지도

자료: 네이버

대표 상권으로 부상하고 있다. 부동산 컨설팅 전문업체 리얼티코리아 분석 결과, 2021년 2분기 마포구에서 이루어진 50억 원 미만의 꼬마빌딩 거래량은 총 29건이다. 21건을 기록한 강남구를 제치고 서울 내 25개 자치구 중 1위다. 전문가들은 요즘 떠오르는 연남·망원 상권이 투자자들의 매력 포인트로 작용했다고 보고 있다.

중개사무소를
인수할 때 고려할 것

만약 중개사무소를 개업하는 데 너무 부담이 크다면 기존 사무소를 인수하는 방법도 고려해볼 만하다. 이 방법은 운영 중인 사무실의 매물 장부와 고객 장부 등을 이어받을 수 있다는 장점이 있다. 선배 중개사의 노하우를 전수받을 수도 있다. 좋은 중개사라면 자신의 인맥을 소개해주기도 한다. 또는 지역 정보망이나 회원 업소 등에 관한 정보를 얻을 수도 있다. 다만 설비는 새롭게 꾸며야 할 가능성이 크다.

▲ 한국공인중개사협회 사이트

인테리어에 관한 부분은 다음 장에서 설명하고자 한다. 막 자격증을 따고 새롭게 시작하려는 초보 중개사라면 사무소 를 인수하는 방법도 나쁘지 않다.

사무소를 인수하려면 한국공인중개사협회 사이트(www. kar.or.kr)를 참조하는 게 유리하다. 사이트의 커뮤니티 카테 고리에서 '중개사무소 매매(양도)'를 클릭하면 된다. 그 밖 에 부동산114(www.r114.com)나 각종 인터넷 카페를 이용 해도 되지만, 공인중개사협회 사이트만큼 매물이 많지는 않 을 것이다. 협회 사이트에는 매달 약 평균 700~800건의 매 물이 올라온다.

본인이 봤을 때 위치나 조건이 좋다고 생각해서 덥석 인수해서는 안 된다. 사무소가 매물로 나왔다는 건 어쨌든 장사가 기대만큼 잘 안되고 있다는 것을 방증한다. 사무소를 운영하던 중개사는 당연히 다른 이유를 댈 것이다. "개인적인 사정으로 접는다"거나 "다른 곳으로 이전하려고 한다"는 식으로 말이다. 곧이곧대로 믿어선 안 된다. 인수하려는 사람이 명확한 기준을 갖고 매물의 사업성을 따져봐야 한다. 인수자 입장에서 참고할 만한 기준을 몇 가지 살펴보고자 한다.

중개사무소 인수자의 참고 기준

• 회원제 가입 여부

인수하려는 사무소가 아파트 단지에 위치해 있다면 회원제로 운영되고 있을 가능성이 높다. 초보 중개사라면 회원 업소를 인수하는 게 좋다. 회원 업소는 광고 부담이 덜하고 회원끼리 부동산 거래정보망을 공유하기 때문에 안정적으로 거래할 수 있다. 특히 공동중개를 할 때 상당히 유리하다.

대신 권리금이 비싸다는 점은 감안해야 한다. 또 회비 미납 분도 확인해야 한다.

만약 권리금이 너무 낮다면 비회원 업소라고 추측해볼 수 있다. 비회원 업소는 회칙에 얽매이지 않아 자유로운 영업이 가능하지만, 초보 중개사 입장에선 어려움이 많이 따를 것이다. 게다가 은근히 비회원 업소를 왕따시키는 분위기도 무시하기 힘들다. 아파트 단지 내 업소가 매물로 나왔다면 비회원 업소일 가능성을 배제할 수 없다.

• 분양 진행 여부

신규 분양 단지의 사무소를 인수하려면 분양 진행 여부를 확인해야 한다. 분양이 100% 완료된 지역은 최소 2년 동안은 물건이 잘 안 나올 것이다. 2017년 8·2 대책 이후 조정대상지역의 부동산 신규 매수자는 2년 동안 실거주를 해야 양도소득세 비과세 혜택을 받을 수 있기 때문이다. 미분양 단지 내 사무소를 노리는 것도 고려해볼 만하다. 물건이 안 나오는 지역에 잘못 들어가면 한동안 개점휴업 상태로 속 앓이를 할 수도 있다.

• 지역 투자 가치

수요가 있어야 공급이 있는 법이다. 부동산 임대나 매매를 원하는 사람이 없는데 부동산을 활발히 중개할 수는 없는 노릇이다. 즉 인수하려는 사무소가 위치한 지역이 투자 가치가 높아야 장사가 잘되리라고 기대할 수 있다. 가치가 전혀 입증되지 않은 생소한 지역은 피해야 한다. 공인중개사가 아닌 투자자 입장에서 특정 사무소를 이용할 가능성이 얼마나 될지 따져보자. 고객의 발길이 뜸한 사무소는 아무리 인수 조건이 좋아도 피해야 한다.

• 권리금 적정성

금전적으로 당장 신경이 쓰일 수밖에 없는 부분이 권리금이다. 권리금은 상가건물 임대차보호법에 규정되어 있는 법적 개념이다. 이는 유·무형의 재산적 가치의 양도 또는 이용을 위해 지급하는 금전 등의 대가를 뜻한다. 여기서 재산적 가치는 ① 영업시설 및 비품, ② 거래처, 신용, 영업상의 노하우, ③ 건물의 위치 등으로 구분된다. ①에 따른 권리금을 '시설권리금'이라고 하고, ②와 ③에 따른 권리금은 각각 '영업권리금' '바닥권리금'이라고 부른다.

권리금의 개념상 기준은 명확하다. 하지만 그 적정 액수에 관한 기준은 없다. 업계에서는 보통 1년 정도의 매출을 통해 회수 가능한 수준의 금액이 권리금으로 적당하다고 보고 있다. 즉 권리금이 1년 동안의 순수익을 넘어서면 곤란하다. 인수하려는 업소가 지난 1년간 매출 3억 원을 올려 4천만 원의 순수익을 냈다면, 그 업소의 적정 권리금은 4천만 원이 될 것이다. 그러나 이렇게 권리금을 책정해야 할 법적 의무는 없다.

한국부동산원에 따르면, 2020년 전국 상가 평균 권리금은 4,074만 원으로 나타났다. 2017년에 4,777만 원으로 정점을 찍은 뒤 코로나19 여파로 최근 줄어든 것이다. 다만 이는 어디까지나 전국 평균치다. A급 상권이라 일컬어지는 역세권이나 아파트·오피스텔 단지의 상가는 여전히 1억 원에 가까운 권리금이 형성되어 있다. 요즘 다시 뜨는 강남구 압구정동이나 청담동의 권리금은 부르는 게 값이라고 할 정도다. 업계 관행으로 보면 코로나19 시국에도 그만큼의 순수익을 냈다는 뜻이다. 그렇다면 당연히 의문을 가져야 한다. 적지 않은 돈을 벌었는데도 왜 가게를 내놓았을까? 근거가 없다면 모든 액수는 억측에 불과하다.

근거를 찾아야 한다. 최근 1년간 매출 실적을 확인할 수 있는 매출장부가 제일 확실하지만 사무소 양도인이 쉽게 내놓을 리 없다. 그렇다면 주변 상가의 매출 실적이나 권리금 시세라도 파악해야 한다. 이를 통해 권리금의 상한선에 대한 나름의 근거를 갖춰야 한다. 최소한의 근거가 있어야 권리금의 적정 액수를 협상할 수 있는 여지가 생긴다.

한국공인중개사협회 사이트에 매물로 올라온 사무소들을 살펴보면, 권리금이 아예 없는 곳부터 1억 원이 넘는 곳까지 다양하다. 권리금이 싸다고 꼭 좋은 것은 아니다. 반대로 비싸다고 장사가 잘되는 것도 아니다. 적정선에 대한 근거가 부족하다면 어느 정도 권리금에 대한 부담을 갖고 인수 대상을 물색해야 한다. 입지 조건이 좋다고 판단되면 권리금이 2천만~3천만 원이라도 인수를 고려해볼 만하다.

권리금에 대하여

권리금에 대해 몇 마디 덧붙일까 한다. 최근 부동산 중개업계 분위기를 고려할 때 권리금을 피하기 힘든 상황이 발생할 수도 있다. 핵심 상권에는 다수의 중개사무소가 이미 둥지를 틀고 있는 경우가 대부분이기 때문이다. 게다가 한정된 지역 매물을 기반으로 거래를 하다 보니 중개업 시장에서는 중개사끼리 고객 유치 전쟁이 한창이다.

그러다 보니 암암리에 담합이 이루어지기도 한다. 개업한 중개사를 중심으로 지역의 매물 정보를 배타적으로 공유하는 식이다. 동시에 신규 창업한 중개사에게는 정보를 공유하지 않고, 심지어 정보 접근 경로를 차단하기도 한다. 이와 같은 담합의 조건은 양도할 때 반영되어 권리금을 끌어올리는 요인으로 작용하기도 한다. 인수자 입장에서는 담합이란 불공정 행위에 값을 쳐줘야 하는 셈이다. 억울하게 들리겠지만 어쩔 수 없는 현실이다.

최근 중개사무소의 수요가 늘어난 점도 권리금의 정당성을 강화하는 데 영향을 미쳤다. 한국공인중개사협회가 집계한 2020년 전국 중개사무소 개업 건수는 1만 7,561건으로 나타났다. 전년(1만 6,916건) 대비 늘었다. 2021년 상반기에는 9,302건으로 조사되어 2020년의 절반을 이미 넘었다. 개업 건수의 지속적인 증가에 따라 정부는 중개업 시장을 포화 상태로 보고 있다.

국토교통부는 공인중개사 시험 방식을 절대평가(1·2차)에서 2차를 상대평가로 바꾸는 방안을 검토한다는 방침을 세웠다. 정부가 시장 수급과 부동산 경기에 따라 심의를 거쳐 선발 예정 인원을 정하겠다는 것이다. 그러나 당장은 정부의 계획이 권리금을 흔들 만큼 가시화되고 있지 않다. 자격증을 준비하는 수험생들의 반발도 예상되는 형국이다. 이러한 제반 상황을 고려했을 때 권리금에 대해 너무 부정적으로 볼 필요는 없다. 물론 그 액수가 합리적인지는 치밀하게 따져봐야 한다. 하지만 처음부터 권리금 없는 사무소만 찾아다니면 선택의 폭이 크게 좁아진다는 점도 명심해야 한다.

상가권리금 표준계약서와
특약의 필요성

초보 공인중개사가 기존 사무소를 인수할 때 자주 저지르는 실수 중 하나가 상호 합의를 구체적으로 하지 않는다는 것이다. 일단 시설과 집기, 장부 등 필요한 것을 모두 인수하면 양도인과 마주칠 일은 없다고 생각하는 경향이 있다. 그러나 현실은 다르다. 예를 들어 인수를 결정하고 잔금을 치렀는데 몇 달 뒤에 양도인이 바로 근처에 새로운 사무소를 연다면 어떻게 될까? 심지어 사무소의 이름도 비슷하고, 양도인이 고객 명단을 다 넘기지도 않았다는 사실을 알게 된다면? 사실상 같은 지역에서 그대로 영업을 이어가면서 권리금만 챙겨간 꼴이다. 인수자 입장에선 그야말로 눈 뜨고 코 베인 격이다.

이런 최악의 상황을 막기 위해 사무소를 인수하려는 중개사는 임대차 계약서 또는 상가건물 권리금 계약서에 특약사항을 명기해야 한다. 특약사항에 적어두지 않은 사태가 발생하면 법적인 보호를 받을 수 없다. 인수자는 상법을 토대로 특약을 명문화해 불리한 상황을 예방해야 한다.

참고할 만한 법 조항은 상법 제41조(영업양도인의 경업금지)와 제42조(상호를 속용하는 양수인의 책임) 등이다. 이를 근거로 "양도인은 본 사무소로부터 반경 1km 이내에서 동일영업 동일업종의 영업을 하지 않는다." "양도인은 기존 상호를 계속 사용하지 않는다." 등의 특약을 설정할 수 있다.

그 밖에 인수자는 물건과 권리, 물권 등에 관한 내용도 특약사항에 포함시킬 수 있다. 예를 들어 "물건에 하자가 발생할 경우 양도인이 6개월 내에 수리하기로 한다." "물건에 설정된 근저당권은 양도인이 잔금일 기준으로 상환하기로 한다." "양수인은 양도인의 영업상 채무를 인수하지 않는다." 등의 내용을 적시할 수 있다.

계약서는 나중에 분쟁이 발생했을 때 입증자료가 되기 때문에 가급적 표준계약서를 써야 한다. 정부가 제시하는 표준계약서를 반드시 사용해야 하는 건 아니다. 그래도 표준계약서로 계약을 맺으면 계약 내용을 확인하는 데 유리하고, 권리와 의무관계를 명확히 할 수 있다는 장점이 있다. 표준계약서 양식은 법무부(www.moj.go.kr)나 국가법령정보센터(www.law.go.kr) 사이트에서 다운로드할 수 있다.

 계약서 작성 시 적는 특약사항은 나중에 중개 실무에서도 아주 꼼꼼히 다뤄야 할 부분이다. 특약으로 기재할 내용이 특별히 정해져 있는 건 아니다. 하지만 계약 이후 분쟁이 있을 때 중개사가 책임져야 할 내용이나 계약 당사자가 요구하는 사항 등을 특약으로 기록해서 나중에 문제가 될 소지를 없애야 한다. 보통 특약으로 기재하는 공통적인 내용은 매매 계약의 경우 ① 현재 임차 관계, ② 근저당 설정 관계, ③ 대리인의 계약 관계, ④ 잔금 지불 시기 등이다.

 계약서 작성을 간단하게 생각할 수도 있겠지만, 물건에 따라 계약서를 쓸 때 주의해야 할 사항이 많다. 계약서를 어떻게 쓰는가에 따라 중개 의뢰자가 피해를 당할 수도, 피할 수도 있다. 또 계약서를 작성한 중개자에게 책임을 묻는 경우도 발생할 수 있으며, 이때는 바로 중개사고로 이어진다. 그러므로 계약서 작성 시 어떤 경우, 어떤 내용에 대해 특약사항을 기록할 것인가를 생각해야 한다. 구두로 한 말도 기록해둬야 나중에 책임 소재를 놓고 다투지 않게 된다. 특약사항을 세부적으로 기록하는 건 성실 중개의 근거가 되기도 한다.

사무소 인테리어는
어떻게 하면 좋을까?

공인중개사 사무소를 많이 돌아다녀본 사람은 공감할 것이다. 사무실 인테리어가 대부분 비슷하다는 것을. 벽에는 큼지막한 지도가 걸려 있고, 가운데에는 상담용 테이블이 마련되어 있다. 공간이 협소한 사무소는 테이블도 없이 사무용 책상과 의자만 덩그러니 놓여 있을 때도 많다. 시골이나 동네 구석의 사무소를 가보면 가끔 꽃놀이(?)가 벌어지는 모습을 목격할 수도 있다. 상담용 테이블이 화투판으로 변

해 있다. 겉모습만 보면 사무소인지, 사랑방인지 분간이 힘들기도 하다.

손님들은 항상 대우받길 원한다. 업종이 무엇이든, 상품과 거래 규모가 어떻든 모두 마찬가지다. 특히 공인중개사가 상대하는 사람들은 수억 원대의 재화를 빌리거나 구입하려는 사람들이다. 중개사 입장에선 챙길 수 있는 수수료가 적은 경우 의욕이 안 생길 수도 있다. 그러나 대부분의 손님들은 거액의 자금을 마련해놓고 꼼꼼히 알아본 뒤에 사무실을 방문한다. 사실상 모두 VIP 대우를 해줘야 한다고 생각한다. 그들을 위해 사무실을 특별하게 꾸미는 것은 기본 중의 기본이다. 그렇다면 사무소를 어떻게 꾸며야 손님에게 좋은 인상을 심어줄 수 있을까?

회의실

손님을 위해 우선 고려해야 할 공간은 회의실이다. 사무실이 좁아도 칸막이로 구분된 회의실을 따로 갖추는 게 중요하다. 방음이 잘된다면 금상첨화다. 사무실에서 손님과 일대일로 상담을 하는 경우가 많다고 해도 마찬가지다. 손님 입장에선 다른 사람들이 언제든 사무실에 들어올 수 있다고 생각하면 편한 마음으로 대화를 하기 어렵다. 내 소득과 재산에 대해 이야기하는데 민감하게 반응하지 않을 사람은 거의 없을 것이다. 그렇기에 사무 공간과 상담 공간을 분리하는 것은 중요한 포인트다. 백화점이나 은행을 떠올리면 쉬울 것이다.

회의실을 따로 두는 이유는 꼭 보안 때문만은 아니다. 칸막이로 나뉜 공간은 그 자체로 권위를 준다. 독점적 공간에 따로 안내된 고객은 자신의 권위를 인정받고, 그에 맞는 대접을 받고 있다는 생각을 자연스럽게 하게 된다. 기업이 칸막이로 둘러싸인 개인 업무공간을 임원에게 주는 것도 같은 맥락이다.

회의실에 간단한 다과를 비치하는 것도 사소하지만 무시하기 힘든 전략이다. 손님이 건드리지 않아도 상관없다. 다과는 고객을 존중한다는 차원에서 그 자체로 공간의 품격을 높여줄 수 있는 인테리어 소재다. 이 부분에서 차별화를 시도하고 싶다면 다과를 제공하는 용기에 사무소 이름을 새기는 방법도 고려해볼 만하다.

빌사남은 회사 로고가 인쇄된 종이컵을 대량 주문 제작해 손님들에게 제공하고 있다. '작은 사무소에서 그렇게까지 해야 하나?'라고 생각할 수도 있다. 하지만 이런 디테일이 공간의 고유한 특징을 부각하는 데 큰 역할을 한다고 본다. 나아가 사무소 또는 법인의 브랜드화에도 도움이 되는 방법이다. 네이버에 '판촉물'이라고 검색하면 수십 개의 주문·제작업체 사이트가 뜬다. 대량으로 구입할 필요 없이 머그컵이나 볼펜 등에만 사무소 이름을 새겨도 분위기가 달라질 것이다.

음악

잔잔한 음악을 틀어놓는 것도 좋다. 2020년 한 서울대 논문에 따르면, 음악으로 형성된 분위기는 제품 거래 과정에서 제품에 대한 인상을 형상하는 데 영향을 미친다고 한다. 특히 긍정적인 음악을 들은 집단은 부정적인 음악을 들은 집단에 비해 제품 사용 후기에 더욱 민감하게 반응하는 양상을 보였다.

꼭 최근의 논문을 예로 들지 않더라도, 마케팅 영역에서 음악이 고객의 경험에 주요 변수로 작용한다는 것은 익히 잘 알려져 있다. 일례로 백화점은 오전 시간에 고객을 가급적 매장에 오래 잡아두기 위해 듣기 편하고 가사가 없는 음악을 튼다. 반면 손님이 몰리는 늦은 오후에는 좀 더 빠르고 신나는 음악으로 바꾼다. 빠른 구매 결정을 유도하기 위해서다.

공인중개사도 이와 같은 고도의 마케팅 전략을 적극 활용해야 한다. 부동산 중개에는 숙고의 시간이 필요하다. 뉴에이지나 클래식 등 잔잔하고 느린 음악은 고객이 충분히 고민할 수 있는 분위기를 만들어줄 것이다. 이와 함께 대형 지도 대신 그림을 걸어서 고급스럽고 편안한 분위기를 추가하는 방법도 있다. 필자는 아예 이렇게 제안하고자 한다. 공인중개사 사무소를 꾸밀 때 사무실보다는 카페를 참고하라고. 카페를 짓는다는 생각으로 사무소 인테리어를 해야 고객의 마음을 사로잡을 수 있다.

실제로 요즘에는 다양한 비즈니스 미팅이 카페에서 이루어진다. 딱딱한 분위기보다는 개방적이고 편안한 분위기가 중요한 거래를 성사시키는 데 도움을 준다고 보는 경향이 있다. 수험생과 고시생들이 드나들었던 독서실도 개방적인 공간으로 변하고 있다. 칸막이가 사라진 대신 넓은 테이블이 들어섰다. 에스프레소 머신을 설치해둔 곳도 있다. 이름도 스터디카페로 바뀌었다. 아예 카페 콘셉트를 지향하겠다는 취지다. 그러면서 수요층도 넓어졌다. 이제는 글을 쓰는 작가나 승진 시험을 준비하는 직장인도 스터디카페를 찾고 있다. 중개사무소 역시 '부동산카페'가 되어야 한다. 당장 물건을 사거나 내놓으려는 사람뿐만 아니라 부동산에 관심을 갖고 있는 잠재 고객도 쉽게 드나들 수 있는 분위기를 조성해야 한다.

대형 모니터

대형 모니터도 있으면 좋다. 매물들의 정보와 사진을 모니터로 보여주면서 상담을 진행하는 게 훨씬 유리하다. 경기도는 2021년 8월부터 부동산 정보 사이트 경기부동산포털(gris.gg.go.kr)을 통해 3D 지도를 제공하고 있다. 사용자가 지도의 특정 위치에서 마우스 오른쪽 버튼을 누른 상태로 좌우로 움직이면, 해당 위치의 건물 등 지형지물을 3차원 이미지로 한눈에 확인할 수 있다. 건물의 높낮이와 주변 환경을 단번에 파악할 수 있는 셈이다. 외관뿐만이 아니다. 직방이나 다방 등 부동산 중개 플랫폼은 아파트 단지를 3D 지도로 구현해놓았다. 이를 보면 동·호수별 평면과 조망, 실시간 채광까지 확인할 수 있다.

3D 지도는 현장에 가보지 않은 고객도 건물의 위치와 안팎의 모습을 쉽게 떠올릴 수 있게 도와준다. 고객은 3D 지도만 보고도 '이 아파트에 입주하면 침대를 저 방에 놓는 게 좋겠군.' '출퇴근할 때 동선을 저쪽으로 짜는 게 유리하겠군.' 등 입주 후 생활 방식을 미리 계획할 수 있다. 이렇게 되면 해당 매물을 임차하거나 구입하는 데 강력한 동인이 생긴다. 이 과정을 잘 밟으면 고객으로부터 계약서 사인을 받아내는 것도 어렵지 않다. 또 특정 매물을 문의하러 온 고객의 선택폭을 넓혀줄 수도 있다. 본인이 보유한 다른 매력적인 물건을 3D 지도로 보여주는 방식을 통해서다. 3D 지도는 단순히 정보 전달 기능뿐만 아니라 시간을 절약해주는 역할도 한다.

종이로 된 대형 지도는 치워도 된다. 어차피 인터넷에 검색하면 다 나온다. 2차원 평면 지도는 물건의 위치만 표시할 뿐이다. 고객은 단순하지 않다. 나를 찾아오기 전에 이미 수많은 공인중개사를 만나고 매물을 둘러봤을 것이다. 그렇다면 남들과 다른 접근 방식이 필요하다. 이를 위해 고해상도의 대형 모니터를 회의실에 설치해둘 것을 권한다.

필자는 빌딩 거래 중개만 전문으로 하고 있지만, 나중에 아파트도 맡게 된다면 모니터로 고객에게 꼭 보여주고 싶은 영상이 있다. 건설사가 제작한 아파트 소개 영상만큼 높은 퀄리티의 홍보 영상을 찍어두었다가 틀어주는 것이다. 이를 통해 '당신이 저 아름다운 아파트에 살면 외관만큼이나 삶의 품격이 높아질 것'이라는 인상을 심어주고 싶다. 성형외과에서 예쁜 여성의 얼굴을 반복해 보여주는 것과 같은 원리랄까.

표창

각종 표창을 진열해놓는 것도 인테리어에서 적지 않은 부분을 차지한다. 공신력을 높이기 위한 전략이다. 아주 전통적인 방식이지만 그만큼 효과가 좋다는 것도 부인하기 힘들다. 물론 표창을 받으려면 경력이 좀 쌓여야 한다. 요즘은 여러 기초자치단체에서 공인중개사에게 표창을 수여하고 있다. 예를 들어 서울 송파구는 부동산 상담을 무료로 해주는 중개사들을 '우리마을 공인중개사'로 선정하고 있다. 부산 서구는 지역사회 발전에 기여하고 행정처분을 받지 않은 중개사무소를 뽑아 모범 표창을 준다. 한국공인중개사협회도 주기적으로 표창식을 연다. 협회나 지자체에 문의해서 표창 수여 기준을 확인해 차근차근 준비하는 게 좋다.

　때로는 본인의 이력을 보기 좋게 정리해 보여주는 것만으로도 표창에 버금가는 효과를 거둘 수 있다. 각종 방송에 출연하거나 언론 인터뷰를 한 경험도 훌륭한 이력이 될 수 있다. 칼럼 기고도 마찬가지다. 전통 미디어가 대중에게 미치는 영향력은 여전히 무시하기 힘든 수준이다. 특히 중장년 세대에게는 강한 소구력을 지닌다. 미디어에 노출된 본인의 모습을 적극 강조할 필요가 있다. 언론을 활용하는 방법은 3장에서 자세히 언급하고자 한다.

책

본인이 쓴 책도 효과적인 인테리어 소재가 된다. 빌사남 회의실에도 필자가 쓴 『빌사남이 알려주는 꼬마빌딩 실전 투자 가이드』를 비치해두었다. 독서량과 관계없이 책은 여전히 전문성을 인정받을 수 있는 전통 미디어로 통한다. 국내 일부 기자들도 전문기자 타이틀을 내걸기 위해 책을 쓰는 데 몰두한다고 알려져 있다.

당장의 판매량은 신경 쓰지 말고 인테리어 겸 마케팅 측면에서 책 집필을 고려해보자. 블로그에 꾸준히 정보성 글을 써왔다면 이를 엮는 것만으로도 책 한 권이 완성된다. 요즘에는 두꺼운 책에 대한 선호도가 현저히 줄어들었다. 일반적으로 가장 많이 유통되는 신국판(가로 152mm, 세로 225mm 인쇄물 규격)의 경우 한 페이지의 글이 200자 원고지 3.5매 정도 된다. 보통 200페이지, 즉 원고지 700매를 채우면 부담스럽지도 않고 빈약해 보이지도 않은 적당한 두께가 완성된다. 글자 수로는 14만 자다. 그런데 실제로 14만 자를 꽉꽉 채워서 쓰는 경우는 거의 없다. 목차와 머리말, 사진, 통계자료 등을 같이 실으면 글자 수는 대폭 줄어든다. 가독성을 높이기 위해 짧은 문장을 한 페이지를 통째로 할애해 써넣을 수도 있다. 이 경우 글자 수가 10만 자 아래로 떨어지기도 한다. 글을 쓰는 것에 큰 부담을 갖고 있지 않다면 책을 써보기를 권한다. 대형 서점에 가보면 자신의 이름을 걸고 책을 쓴 중개사들이 의외로 적지 않다는 것을 쉽게 확인할 수 있다.

완성한 책을 반드시 서점에 내놓아야 한다는 전제를 깔고 시작할 필요는 없다. 요즘은 책 판매량이 적고 작가별·내용별로 양극화가 심해서 출판사가 기획출판을 꺼려한다. 하물며 이름 없는 공인중개사가 쓴 책을 돈을 들여 인쇄해줄 출판사는 극히 드물다. 최근에는 인쇄만 대행해주는 출판업체가 많다. 또는 본인이 제작비만 부담하면 찍어낸 책의 유통까지 책임지는 자비출판 전문업체도 쉽게 찾아볼 수 있다. 비용은 출판 부수에 따라 달라지는데, 보통 500부 기준으로 300만 원 내외에서 결정된다고 알려져 있다. 인테리어와 마케팅을 동시에 공략하는 투자금이라고 생각하면 부담이 덜할 것이다.

전통 미디어가 아닌 뉴미디어를 공략한다면 뭐니 뭐니 해도 유튜브다. 채널의 구독자 수가 10만 명을 넘으면 유튜

▲ 간식, 대형 모니터, 표창, 책 등이 갖춰진 빌사남 회의실

브 측에서 실버버튼을 준다. 실버버튼은 채널 이름이 적힌 표창에 플레이 버튼 모양이 새겨진 은색 상패다. 유튜버로 서의 영향력을 단번에 보여줄 수 있는 수단이자 인테리어 소재로 실버버튼만큼 효과적인 것도 없을 것이다. 다만 국 내 유튜브 채널 중 실버버튼 기준인 구독자 10만 명을 넘긴 채널은 1%가 채 안 된다. 너무 어려운 목표이기 때문에 장 기적으로 접근할 필요가 있다. 무엇보다 실버버튼을 획득한 다면 광고 수익 때문에 유튜버로의 전향을 심각하게 고민 하게 될지도 모른다.

간판

간판도 짚고 넘어가지 않을 수 없다. 공인중개사 사무소를 상상해보면 대부분 샛노란 배경의 간판을 가장 먼저 떠올리는 사람들이 적지 않을 것이다. 노랑이 아니라면 빨강이나 파랑 등 어쨌든 원색이 기본적으로 간판에 칠해져 있다. 잘은 몰라도 원색이 시인성이 좋으니 너도나도 원색 간판을 내거는 것 같다.

잘 알려지진 않았지만 간판에 원색을 쓰는 건 예전부터 논란의 소지가 있었다. 원색이 도시 미관을 해치고 운전자에게 착시효과를 일으킨다는 이유에서다. 서울시를 비롯해 경기, 대구, 부산 등 다수 지자체는 조례를 통해 간판의 바탕색을 규제하고 있다. 서울시의 경우 "광고물 등의 바탕색은 적색류 또는 흑색류의 사용을 2분의 1 이내로 해야 한다"고 규정하고 있다. 꼭 규제 때문이 아니더라도 원색이 과다하게 사용된 간판은 다소 올드하고 유치한 느낌을 줄 수 있다.

필자는 광고 전문가는 아니다. 그래도 시대의 흐름에 맞게 간판 디자인도 바뀔 필요는 있다고 생각한다. 감각적이고 세련되게 꾸미되 너무 힘을 줄 필요는 없다. 어차피 대다수의 고객들은 인터넷을 보고 오는 경우가 많다. 이런 점을 고려하면 색깔보다는 상호명을 강조하는 것이 더 유리할 수도 있다. 단지 눈에 잘 띈다는 이유만으로 기존 공인중개사 사무소의 천편일률적인 간판을 따라 하지는 말았으면 한다.

어떤 간판이 좋은 간판인지 고민하면서 인터넷을 검색하던 중 성남시의 옥외광고물 가이드라인을 보게 되었다. 여기에 나온 '좋은 간판 만들기 10원칙'이 필자의 생각과 비슷한 부분이 많아 공유하고자 한다.

좋은 간판 만들기
10원칙

① 너무 크게 만들지 않는다.

크기가 아니라 질로 승부하라. 거리의 보도 폭은 평균 3m로, 간판이 너무 크면 보행자가 한눈에 보기 어렵다. 간판은 차량이 아닌 보행자 시각을 기준으로 만들어야 한다.

② 빈 공간을 많이 확보한다.

배경이 되는 벽면을 여유 있게 활용하는 간판이 눈에 훨씬 더 잘 띈다.

③ 글자 크기를 대조시켜라.

간판을 통해 먼저 전달할 것이 무엇인지 결정한 뒤 내용만 큰 글자로 쓰는 것이 좋다.

④ 상호명은 인상적으로 개발한다.

재치 있는 상호는 홍보 효과가 뛰어나다. 함축적이고 인상에
남는 상호가 바람직하다.

⑤ 알맞은 그림을 곁들인다.

글씨보다 그림이 더 효과적인 정보 전달 수단이 된다.

⑥ 화려함보다 친근함이다.

업소 성격에 따라 다소 차이가 있으나 지나치게 화려한 디자
인은 거부감을 줄 수 있다.

⑦ 너무 많이 달지 말라.

간판이 여러 개면 전달하는 정보가 분산된다.

⑧ 원색 사용을 줄인다.

원색 간판들이 모이면 눈만 피로할 뿐이다.

⑨ 글씨는 간판 절반 크기로 한다.

글씨가 크다고 간판이 잘 보이는 것은 아니다. 배경이 충분할
때 글씨가 눈에 잘 들어온다.

⑩ 보는 즐거움이 있어야 한다.

조형물, 벽화, 만화 등을 활용해 유쾌한 느낌을 주도록 한다.

기본에 충실한
부동산 전문가가 되어라

매물 확보가
고객 관리의 기본이다

부동산 중개법인에 취업하면 가장 먼저 맡게 되는 업무가 무엇일까? 바로 매물 등록 작업이다. 현장 답사, 개선 가능성, 개발호재 등을 조사하다 보면 자연스레 투자 가치를 판단하는 경험이 쌓이게 된다. 법인에 취업한 초보 공인중개사는 매물 확보에 많은 시간과 노력이 투입된다. 물론 손님과 직접 상담도 하고 계약도 체결해보고 싶을 것이다. 하지만 본인만의 고객이 없기 때문에 쉽지는 않을 것이다. 회사

입장에서도 미숙한 초보 중개사에게 상담을 맡기는 걸 꺼려하기 마련이다.

간혹 평판이 나쁜 중개법인은 매물 확보 작업만 시키다가 중개사를 퇴사시키는 경우가 있다. 자신들 이익만 챙기고 내치는 셈이다. 분하기는 하지만 계약직으로 일하는 중개사 입장에서 잘잘못을 따지기도 어렵다. 우리 회사에 소속된 중개사 중에는 다른 중개법인에서 운전기사 노릇만 하다가 나온 사람도 있다.

그렇다고 이러한 매물 확보 지시를 반드시 부정적으로만 생각할 필요는 없다. 매물을 확보하면서 자신만의 고객을 만들어나간다면 나중에 개업했을 때 유리한 고지에서 시작할 수 있다. 이런 측면에서 필자는 어쨌든 처음에 중개법인에서 일해보라고 권하는 것이다. 소속된 법인이 유명할수록 매물을 더 쉽게 확보할 수도 있다. 이 과정에서 만나게 될 건물주를 회사 사람이 아닌 내 사람으로 만든다고 생각하고 접근하는 게 중요하다. 매물을 확보하려면 초반에는 전화를 많이 돌려야 한다.

일단 전화하고 만나자

많은 초보 중개사들은 수화기를 들기 전에 오만 가지 생각을 다 한다. '건물주가 거절하면 어쩌지?' '이 번호를 어떻게 알아냈냐고 따지면 어쩌지?' '다짜고짜 짜증내면 어쩌지?' 등 걱정부터 앞서는 것이다. 또 각각의 상황에 대한 적절한 답안을 미리 짜내느라 골머리를 앓는다. 이렇게 하면 시간이 너무 오래 걸리고 스트레스만 쌓이게 된다.

거절을 하든 말든, 욕을 먹든 말든 아무 생각 없이 일단 전화해야 한다. 부정적으로 반응하는 건물주는 어차피 얼굴 한번 본 적 없는 사람들이다. 더군다나 앞으로 만나게 될 가능성도 희박하다. 통화 한번 하고 말 사람들에게 미리 너무 겁먹을 필요는 없다. 물론 쉽지 않다. 필자도 외향적인 성격이 아니라 처음에 애를 정말 많이 먹었다. 수화기 너머에서 심드렁한 목소리가 들리면 식은땀이 나고 말도 더듬거리곤 했다. 그래도 끝까지 부딪쳤다. 그렇게 수십 번이고 수백 번이고 전화를 걸다 보면 어느새 기계처럼 응대하는 자신을 발견하게 될 것이다. 이렇게 반복적인 작업이야말로 전화 영업의 기본이다.

물론 전화 영업만 해서는 안 된다. 상대방과 자주 통화했다고 해서 친해졌다고 생각하는 건 오산이다. 직접 만나서 얼굴을 익혀야 한다. 일단 이렇게 얼굴을 마주하고 나면 다음에 전화를 할 때 목소리부터 달라진다. 서로 얼굴을 알고 있는 사이인데 함부로 말하긴 어렵기 때문이다. 필자는 한창 고객을 만날 때 하루에 8명씩 만났다. 특히 주말에 만나는 사람들 중에 알짜 고객이 많았다. 보통 부동산 실수요층은 주말에 시간을 낼 수 있는 경우가 많다. 아주 늦은 시간에 오는 사람도 그냥 돌려보내지 않았다. 그렇게 쉴 틈 없이 면담을 했다.

연락할 방법이 없는 경우 직접 찾아간 적도 많다. 서울 종로구 평창동과 같이 고급주택이 즐비한 동네에는 대부분 관리소장이 있다. 관리소장은 보통 주택단지의 계약 현황과 입주민들에 관한 정보를 꿰고 있다. 필자는 관리소장에게 선물을 주고 말을 걸며 친분을 쌓았다. 교감이 잘되면 관리소장이 나의 존재를 입주민들에게 대신 전달해주기도 했다. 이런 방식으로 고급주택 물건을 확보한 적도 있다.

나중에 중개법인을 설립한 뒤에는 매물 확보 작업의 규모를 키웠다. 예전에 용산구에 400여 세대가 거주하는 한

▲ 빌사남 소개서와 스타벅스 카드

아파트 단지를 타깃으로 삼은 적이 있다. 당시 모든 세대의
등본을 다 출력해서 건물주의 거주지에 검은색의 고급스러
운 상자를 우편으로 보냈다. 여기에는 빌사남 소개서를 한
글과 영문으로 작성해 넣었다. 또 스타벅스 카드도 같이 담
았다. 총 1,300만 원이 들었다. 그 결과 실제 계약건이 나왔
다. 나중에 듣기로는 해당 아파트 단지에 빌사남에 관한 소
문이 돌았다고 한다. 긍정적인 내용이었다.

고객의 성격에 따라
다르게 접근하라

고객을 자주 만나다 보면 자신만의 접근법이 생긴다. 예를 들어 필자는 고령의 매도자에게는 감성적으로 접근하는 편이다. 자연스럽게 손을 잡고 자식처럼 친근하게 다가간다. 실제로 자식뻘이기도 하니까. 그러면서 "이번 한 번만 도와주시면 제 인생에 정말 큰 도움이 될 것 같습니다."라며 감정에 호소할 때도 있다. 물론 진짜 열심히 하는 모습을 보여주는 건 기본이다. 그리고 젊은 고객들과는 구체적인 데이

터를 보여주며 대화를 이어나간다. 이들에게 감정에 호소하는 화법은 그다지 유용하지 않다.

그 밖에도 공인중개사로 일하다 보면 각양각색의 고객을 만나게 된다. 고객의 경제력과 행동, 성격, 심리 등에 맞게 접근법을 달리 해야 한다. 유형별 고객의 특성과 대응 전략을 수립해 관리해야 상대방의 마음을 얻을 수 있다. 필자가 일을 하면서 만났던 다양한 고객들과 각각의 접근법에 대해 살펴보자.

고객 유형별 접근법

• 부유한 고객

돈이 많은 부유층은 대부분 여유자금을 수익성 자금에 투자한다. 특히 수익률이 높은 빌딩을 많이 찾는다. 이런 사람들은 개인정보 유출에 상당히 민감하고 보안을 중시하는 경향이 있다. 이런 특징을 고려할 때 중개업소 사장이나 중개법인 대표가 직접 상대하는 편이 유리하다. 또 돈이 많을수록 시사 이슈나 거시경제, 부동산 정책, 세금, 증여 등에

관심이 많다. 그러므로 단도직입적으로 물건을 중개하기보
다는 이와 같은 사안에 대해 폭넓게 대화를 나누면서 친해
지는 게 좋다. 당연히 중개사 스스로 해당 사안에 관해 풍
부하게 이야기를 이끌어나갈 수 있도록 사전 지식을 쌓아
둬야 한다. 이렇게 대화를 하다 보면 물건 중개는 자연스럽
게 이어진다. 이를 위해 평소 수익률 높은 물건, 투자하기
좋은 빌딩 등을 준비해놓는 것이 바람직하다.

• 중산층 고객

자신이 중산층이라고 생각하는 사람들은 스스로를 과시하
기 좋아한다. 이들에게는 '사장님' '회장님' 등의 칭호를 쓰
면서 "이 정도 빌딩은 갖고 계셔야죠."라는 식으로 체면을
올려줘야 한다. 재력이 상당해서 보안을 중시하는 부유층과
달리, 중산층 고객은 중개업소를 옮겨 다니며 자신을 뽐내
는 경향이 있다. 그러므로 각별히 신경 써서 마음을 얻어야
한다. 중산층 고객의 재력을 몰라주거나 무례하게 대하면
그들은 언제든 떠날 것이다. 대신 입맛에 맞게 행동하면 그
들은 단골이 될 뿐만 아니라 다른 중산층 고객들을 또 연결
해줄 가능성이 높다.

• 보통 고객

보통 고객이란 주부, 봉급생활자, 소규모 자영업자 등을 뜻한다. 이들은 중개업소 실장이 관리해도 크게 문제가 없다. 보통 고객 입장에서도 실장이랑 친분을 쌓고 대화를 나누는 것을 더 편하게 느낀다. 동네에 중개사무소를 잡으면 이와 같은 보통 고객들이 자주 들락거리는 경우가 많다. 때로는 단순히 잡담을 하기 위해 찾아오기도 한다. 그래도 늘 친절한 자세로 정중히 응대해야 한다. 경제력이 넉넉하지 않거나 큰 물건을 거래하지 않더라도 고객은 고객이다. 변함없이 잘 대해주면 다른 손님을 소개해주기도 하고, 중개업소를 이곳저곳 고르지도 않는다.

• 성격이 급한 고객

뭐든지 빨리빨리 진행해야 하는 고객이다. 독촉이 심하다는 공통점이 있다. 임대차 계약이 정상적으로 진행되고 있어도 잠시를 참지 못하고 수차례 전화벨을 울려댄다. 먼저 연락해 진행 상황을 자주 알려주면 안심할 것이다. 이런 사람들은 계약이 조금이라도 늦어지면 쉽게 짜증을 내고 압박을 가할 것이다. 최대한 늦어지지 않도록 유의하되, 늦어질 수

밖에 없는 상황이 닥치면 그 이유를 꼼꼼하고 자세히 알려 줘야 한다. 성격이 급하지만 단순한 면도 있으니 잘 대응하면 관계를 오래 유지할 수 있다.

• 과묵한 고객

응대하기 까다로운 고객 유형이다. 생각을 쉽게 입 밖으로 꺼내지 않기 때문에 성향을 파악하기가 힘들다. 또 불편한 상황이 닥쳐도 내색하지 않는 편이기 때문에 중개사의 사소한 실수가 어떤 영향을 미쳤는지 파악하기 어렵다. 실수가 쌓여 일단 오해를 해버리면 마음을 돌려놓기 힘들다. 그러므로 매사에 정중하고 신중히 대해야 한다. 고객이 먼저 요구하지 않더라도 일처리를 빈틈없이 진행해 불만을 품지 않게 해야 한다. 일단 마음을 얻으면 오래 거래를 지속할 수 있다.

• 수다형 고객

과묵함과 거리가 먼 고객이다. 말이 많고 매사에 개입을 잘한다. 그렇다고 아는 체하는 사람으로 치부해선 안 된다. 실제로 아는 게 많고 경험이 풍부하기 때문에 그럴 수도 있다.

이런 유형의 고객을 상대할 때는 인내심이 필요하다. 최대한 많이 들어주고 절대 말로 이기려 들어선 안 된다. 고객을 상대로 이기는 공인중개사는 계약을 성사시키는 사람이지, 말싸움에서 우세를 점하는 사람이 아니다. 가급적 경청하는 자세로 주의를 기울여주고, 때를 봐서 칭찬도 많이 곁들여야 한다. 불법적인 일을 요구하는 게 아니라면 어쨌든 상대방이 원하는 쪽으로 결론을 도출하는 게 좋다. 자존심을 건드리지 않도록 대화를 이끌어나가는 게 중요하다.

공인중개사의 나이

고객을 유치하는 데 나이는 중요하지 않다. 처음에는 필자도 나이 때문에 회의적인 시선에 둘러싸여 있었다. 공인중개사 생활을 시작할 때가 20대 초반이었다. 당시 한 고객에게 "이렇게 어린데 빌딩 중개를 할 수 있겠어요?"라는 말을 직접 들은 적이 있다. 그 말의 배경에는 '어린 사람은 고객 확보에 불리할 것'이란 인식이 깔려 있었을 것이다. 모두 쓸데없는 선입견이다. 고객의 마음을 움직이는 데 나이는 전혀 상관이 없다. 만약 고객의 마음을 살 수 있다면 없는 매물도 팔 수 있다고 생각한다. 물론 조건이 있다. 반드시 성실해야 한다.

공인중개사도
손님이다

"10명의 손님보다 1명의 공인중개사가 더 소중하다." 중개 업계에서 전해져 내려오는 말이다. 모든 고객 중에서 공인 중개사가 최고의 고객이란 뜻이다. 공인중개사를 고객으로 모시는 중개를 '공동중개'라고 한다. 이는 소속이 다른 중개 사들끼리 계약 체결을 위해 협력하는 것을 말한다. 요즘 말 로 중개사 간 '컬래버레이션'이라고 표현할 수 있다.

공동중개 시 주의할 점

공동중개는 중개업계에서 굉장히 흔하게 일어난다. 동시에 중개사들이 생업을 유지할 수 있는 필수 수단이기도 하다. 특히 초보 중개사에게 공동중개는 시장 진입을 돕는 효과적인 수단이다. 그래서 중개사들이 단체를 구성해 다른 중개사의 공동중개 제안을 막는 행위는 공인중개사법상 불법으로 간주된다. 실제로 2020년 국토교통부 부동산 시장 불법행위 대응반 단속에서 공인중개 관련 불법 혐의가 적발되어 11건이 형사입건 되기도 했다.

공동중개는 큰 노력을 들이지 않고 성사되는 경우가 많다. 상대 중개업소에서 미리 고객과 충분히 상의한 뒤 사전조율을 끝내고 찾아오기 때문이다. 물건을 대는 중개업소 쪽에서는 누워서 떡 먹기인 셈이다. 반면 방문고객을 설득해 계약을 성사시키는 것은 정말 힘들다. 단 한 건의 계약을 맺기 위해 중개사는 열과 성을 다해 고객을 상대해야 한다. 이처럼 힘든 과정을 겪고 나면 공동중개가 얼마나 소중한지 자연스럽게 깨닫게 된다. 공동중개를 위한 중개사 관리는 일반 고객을 관리하는 것만큼 중요하다.

하지만 실제로는 공동중개를 위해 찾아온 중개사를 소홀히 대하는 경우가 종종 있다. 부동산 중개업을 한 곳에서 오래 하다 보면 지역 내에서 공동중개 제안을 자주 받게 된다. 그런데 제안을 받은 중개사가 실수를 하거나 경우에 맞지 않은 행동을 하면 다른 중개업소에 삽시간에 소문이 퍼진다. 본인은 알지 못해도 뒤에서 안 좋은 말이 나올 가능성이 높다. 이렇게 되면 공동중개 고객은 서서히 떠나고 자신만 홀로 영업해야 하는 상황을 맞이할 수도 있다. 중개 현장에서 공동중개가 깨지거나 고객의 마음을 떠나가게 하는 행동을 정리해보면 다음과 같다.

- 공동중개 후 약속한 중개수수료를 제대로 주지 않는 행동
- 정보를 입수한 뒤 다른 중개업소 물건을 빼 가는 행동
- 중개사가 모시고 온 손님에게 자신의 명함을 건네거나 손님의 연락처를 알아내려는 행동
- 손님을 모시고 온 중개사가 부동산 소유주 또는 임차인에게 자신의 명함을 건네거나 소유주·임차인의 연락처를 알아내려는 행동

이 같은 행동은 상도덕에 어긋나는 실수다. 이 외에도 중개 약속을 어기거나 반말로 상대를 무시하는 언행은 말할 필요도 없는 결례다. 실수와 결례가 쌓이면 그 중개업소는 미운털이 박혀 어느 누구와도 물건을 주고받을 수 없게 될 것이다. 결국 고객 중에서 가장 중요한 중개사를 떠나보내게 되는 것이다.

어느 고객이든 계약을 많이 체결해 중개업소에 수입을 올려주면 그만이다. 방문 고객이든 공동중개 계약이든 중개업소 입장에서는 이를 가릴 수 없다. 다만 손쉽게 계약이 잘되고 계약 체결 비중이 높은 공동중개를 간과해선 안 된다. 그러려면 항상 공동중개 시 매너를 잘 지켜야 한다. 일단 앞에서 언급한 행동을 하지 않는 건 기본이다. 추가적으로 유념해야 할 사항을 살펴보면 다음과 같다.

- 공동중개를 하기 위해 찾아온 중개사에게 최고의 예우를 한다.
- 다른 중개사와 약속한 사항은 반드시 지킨다.
- 공동중개가 성사되지 않아도 상대 중개사 탓으로 돌리지 않는다.

- 공동중개를 할 때는 중개 전반에 걸쳐 협의와 의논을 통해 진행한다.
- 중개업소 상호 간 모든 금액을 공개하고 투명하게 거래를 진행한다.
- 계약이 진행될 때는 수수료 문제를 사전에 합의한다.
- 공동중개가 끝나면 수고한 중개사에게 정중히 인사한다.
- 상대 중개사의 동의 없이 '발 담그기'를 하지 않는다.
- 손님을 댄 중개사에게 수수료를 받아서 통장으로 송금해 준다.

어떻게 보면 굳이 지면을 할애해 설명할 필요도 없는 기본적 예의다.

최신 정보를 담은
소식지를 뿌려라

요즘 구독경제가 각광받고 있다. 이는 신문처럼 매달 구독료를 내고 필요한 물건이나 서비스를 받아 쓰는 경제활동을 뜻한다. 구독료를 받고 무제한 스트리밍 영상을 제공하는 넷플릭스가 성공한 이후 구독경제는 생활 곳곳으로 영역을 넓혀가고 있다. 식음료 서비스 업체는 물론 자동차와 명품 업체도 구독경제를 도입하는 중이다. 개인 공인중개사도 예외는 아니다. 부동산 소식지를 만들어 배포하는 것만

으로도 구독경제를 실현할 수 있다. 장기적으로는 수익 모델로 발전시키는 것도 얼마든지 가능하다.

왜 소식지를 뿌려야 할까?

빌사남은 매년 상·하반기에 소식지를 PDF 파일로 만들어 고객에게 보내주고 있다. 원하는 고객에게 이메일 주소를 받아 전달하는 식이다. 지금은 무료로 배포하고 있다. 소식지에는 필자의 근황과 함께 주요 칼럼, 관련 기사, 분기별 매각 사례 및 통계자료, 진행 중인 리모델링 프로젝트 등을 싣는다. 빌딩 투자자 입장에서 유리한 정보가 있다면 매번 꽉꽉 채워 넣으려고 한다.

대부분의 내용은 유튜브와 블로그 등을 통해 기존에 소개한 것들이다. 그래도 이를 요약하고 편집해서 보여주면 고객 입장에선 빌사남의 현황과 업계 소식을 한눈에 파악할 수 있다. 그뿐만 아니라 고객들에게 빌사남이란 브랜드를 계속 각인시키는 효과도 있다. 이러한 이유로 늘상 보도해온 뉴스들을 짜깁기해 소식지로 만들어 배포하는 언론사

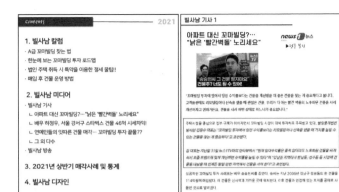

▲ 2021년 상반기 소식지 중 일부

도 늘어나고 있다.

'개공이 소식지에 담을 만한 정보라도 갖고 있나?'라고
반문하는 분도 있을 것이다. 소식지를 너무 거창하게 생각
할 필요는 없다. '우리 동네 매물 소식' '이달의 부동산 주요
뉴스' 등의 주제로 관련 정보를 잘 모으기만 해도 훌륭한
소식지가 된다. 개인 중개사도 얼마든지 만들 수 있다. 중개
사가 보기에는 별것 아니라고 생각한 정보가 외부인 입장
에서는 고급 정보로 받아들여질 수 있다.

언론에 언급되면
전문가로 인식된다

전통 매체인 언론도 공인중개사가 이름을 알리기 위한 효과적인 수단이 될 수 있다. 단, 절대로 하지 말아야 할 게 있다. 신문 지면에 광고를 싣거나 인터넷 매체에 배너 광고를 다는 것이다. 다소 냉정하게 말하자면, 이런 광고는 실질적으로 전혀 도움이 안 된다. 오로지 언론사의 배만 불려주는 결과를 초래한다. 입장 바꿔 생각해보자. 내가 공인중개사가 필요한데 신문이나 인터넷 언론에 떠 있는 광고를 보고

연락을 취할까? 일단 신문은 구독하는 사람이 거의 없고, 인터넷 언론의 방문자 수는 포털사이트가 장악한 뒤로 급감하고 있다.

필자는 언론 광고에 투자하라는 뜻에서 언론을 언급하는 게 아니다. 언론사의 고급 취재원이 되라는 뜻에서 말하는 것이다. 이는 장기적인 측면에서 언론을 아주 세련되고 자연스럽게 활용하는 방법이다. 취재원이 되라는 게 무슨 말이고, 그게 왜 홍보에 도움이 된다는 건지 잘 이해되지 않을 수도 있다. 예를 들어 설명해보겠다.

광고비 없이 언론에 노출되는 방법

2019년 7월 매일경제에 "[단독] 6살 유튜버 ○○ 가족회사, 95억 청담동 빌딩 매입"이란 제목의 기사가 뜬 적이 있다. 이는 지면과 온라인판에 모두 실렸다. 국내 유튜브 채널 중 가장 많은 광고수익을 올리는 것으로 알려진 '○○튜브'의 주인공 ○○ 양(당시 6살)의 가족회사가 95억 원 상당의 청담동 빌딩을 매입했다는 내용이다. 이는 보도 당시 엄청난 반응을 불러일으켰다. 해당 기사로 인해 유명 유튜버들의 어마어마한 수입이 알려졌고, 빌딩 투자업계는 이들에게 주목하게 되었다. 한 달 뒤에는 ○○튜브의 하루 수익이 MBC 1일 광고 매출과 맞먹는다는 기사가 올라오며 언론계 전체를 긴장시켰다.

여러 방면에 파장을 미친 이 기사를 제보한 사람은 바로 필자다. 빌딩 중개를 업으로 하다 보니 해당 유튜버의 빌딩 매입 소문을 접하게 되었고, 등기부등본 열람 결과 사실임을 확인했다. 그래서 평소 가깝게 지내던 매일경제 기자에게 이 사실을 귀띔해주었다. 기자는 필자의 멘트를 인용해 기사 마지막 문단에 이렇게 적었다.

김윤수 빌사남 대표는 "강남 빌딩을 찾는 수요층에도 큰 변화가 생기고 있는데 최근에는 단기간에 큰돈을 벌어 안전 자산에 묻고 싶은 인플루언서들의 빌딩 매입 문의가 줄을 잇고 있다"며 "얼마 전에는 한 인플루언서가 500억 원 정도의 강남 빌딩을 알아봐달라고 부탁했다"고 설명했다.

필자의 본명과 소속 회사명이 기사에 적혀 있다. 이는 곧

'김윤수'나 '빌사남'을 검색하면 포털사이트의 뉴스 카테고리에 관련 기사가 뜬다는 것을 뜻한다. 반대로 기사에 언급된 유튜버를 검색해도 필자의 정보가 나오게 되었다. 이후 어떻게 되었을까? 기자들의 취재 문의가 쇄도했다. 다른 매체에서도 필자의 멘트를 따서 연관된 기사를 쏟아냈다. 결과적으로 엄청난 홍보 효과를 누리게 된 것이다. 이 과정에서 필자는 돈을 전혀 쓰지 않았다.

하고 싶은 말이 뭘지 눈치챘으리라 생각한다. 언론에 광고비를 주지 말고 기삿거리를 던져줘야 한다. 그 내용이 다른 언론에 보도되지 않은 단독성 소재라면 파급력은 훨씬 커진다. 그렇게 기삿거리를 제공하면서 본인 또는 소속 사무소의 이름을 인용하라고 부탁하면 자연스럽게 뉴스면에 노출된다. '빌사남에 따르면~' '빌사남에 의하면~' 같은 식으로. 사회 전반적으로 언론의 신뢰도가 떨어지긴 했지만 그래도 대중들은 SNS나 유튜브보다 뉴스를 믿는 경향이 있다. 그렇기에 뉴스면에 등장할 때의 중량감은 확실히 다른 매체에 비해 크다.

간혹 언론사 데스크에서 광고성 기사로 비칠 것을 우려해 기사 출처를 익명으로 처리하는 경우도 있다. 하지만 실망할 필요는 없다. 그 과정에서 기자와 돈독한 관계를 유지하는 것만 해도 큰 도움이 된다. 나중에 해당 기자가 본인의 멘트를 활용해 기사에 쓸 수도 있고, 칼럼을 게재할 기회를 줄 수도 있다.

칼럼 작성하기

만약 칼럼을 써달라는 요청이 들어오면 가급적 응하기를 권한다. 칼럼은 작성자의 전문성과 식견을 잘 보여줄 수 있는 훌륭한 도구다. 기사에 짧은 멘트의 발화자로 잠깐씩 등장하는 것보다 칼럼을 쓰는 것이 훨씬 효과적이다. 문장이나 제목 등은 언론사에서 적절히 수정해주니 너무 부담 갖지 말고 일단 써봤으면 한다. 독창성이나 사고의 깊이를 꼭 드러내 보이겠다는 생각으로 접근할 필요는 없다. 오히려 전문적인 단어를 넣어 어렵게 쓰면 잘 읽히지 않을 확률이 높다. 블로그에 올릴 글을 쓴다는 생각으로 가볍게 칼럼을 써보자.

필자는 과거 조선일보 기자와 연이 닿아서 기고문을 쓰

게 되었다. 이후 다른 여러 매체에도 글을 실을 수 있는 영광을 얻게 되었다. 지난 2016년 6월 인터넷 언론 스카이데일리에 기고한 칼럼이 네이버 메인에 올라가 주목도가 치솟은 적이 있다. 실제 경험담을 인용해서 썼고, 부동산 재테크를 고민하는 사람들이 관심 가질 만한 제목을 달았다. 이러한 부분이 긍정적으로 작용하지 않았나 생각한다. 무엇보다 해당 칼럼은 필자가 지인에게 이야기하듯 쉽게 썼다. 언론에 싣는다고 해서 너무 딱딱하거나 무겁게 쓸 필요는 전혀 없다. 전문적인 용어를 많이 쓴다고 해서 독자들이 글쓴이의 전문성을 인정해주는 것도 아니다. 언론은 학술지가 아니라 대중매체다. 파급력 측면에서는 쉬운 글이 훨씬 더 유리하다.

"아파트 배후세대 가진 꼬마 빌딩 주목하라, 저금리 장기화, 베이비부머세대 연금 대신할 수익형 부동산 투자법"

아파트 배후세대에 있는 상업용 빌딩을 주목하자. 당신의 '연금빌딩'이 될 수 있다.

한국은행 기준금리가 재차 인하되었다. 마땅한 투자처 찾기가 어려운 상황이다. 과거에는 은행 이자만으로 돈 버는 것이 가능했다. 오늘날 은행에 돈을 넣어두면 바보가 되는 세상이 되었다.

베이비부머 세대가 본격 은퇴를 앞두고 있다. 은퇴에 맞물려 노후가 주 관심사다. 치킨집·고깃집에 수억을 투자해 소위 '날려먹었다'는 이야기가 횡횡하다. 직장인 J씨는 은퇴를 앞두고 이들과 다른 선택을 했다. 연금빌딩에 투자한 것이다.

그는 평소 노후에 대한 걱정이 많았다. 월급을 적금했을 뿐 투자 경험은 전무했다. 저금리 시대에 대해서도 잘 알고 있었으나 투자는 망설여졌다. 평생 해보지 않은 일이 꺼려진다는 것은 자명한 일이었다.

하루는 지인에게 '꼬마빌딩' 투자를 권유받았다. 투자 여부를 떠나 잘 모르는 부분에 대한 공부가 필요했다. 지식은 채웠으나 실전이 부족했다. 조언이 필요하자 전문가를 수소문했고 지인들을 통해 필자와 연락이 닿았다.

처음 본 J씨는 기본적인 부동산 투자지식은 갖고 있었다. 그가 얼마나 공부했는지 느껴지는 부분이었다. 그의 투자 목적은 확고했다. 시세차익이 아닌 안정적인 임대수익이 그의 바람이었다.

매물을 알아봤다. 그러다 판교의 한 빌딩이 눈에 들어왔다. 준공은 2010년, 엘리베이터가 설치된 빌딩이었다. 한눈에 봐도 괜찮아 보였다. 1층에는 카페가 자리했다. 나머지 층의 임차업종도 괜찮았다.

… (중략) …

J씨의 사례는 성공 사례다. 모든 연금빌딩이 성공하는 것은 아니다. 연금빌딩을 마련하기 위해 투자하기에 앞서 주의해야 할 몇 가지 사례는 다음과 같다.

첫째, 환금성이 낮을 수 있다. 금액이 낮은 '꼬마빌딩'은 서울·경기 외곽지역에 있어 향후 매각하는 과정에서 환금성이 낮을 수 있다.

둘째, 배후세대 파악은 필수다. 특히 유동경로 파악에 만전을 기해야 한다. 배후세대에 인접해도 아파트 출입문이나 주변 상권에 따라 주민들의 유동경로가 다를 수 있기 때문이다.

셋째, 배후세대 인구를 소화해낼 만한 상업용 빌딩 수다.

배후세대에 비해 상업용 빌딩이 적다면 안정적으로 임대 수익이 발생하지만, 상황이 그 반대라면 임대수익을 얻기 어렵다.

- 〈스카이데일리〉 게재 기사, 2016. 6. 18.

기자들이 먼저 연락하게 하는 방법

그렇다면 기자들에게 어떻게 접촉해야 할까? 일단 보도자료를 뿌리는 방식은 추천하지 않는다. 기자들은 매일 적어도 수십 건의 보도자료를 받는다. 대부분 회사의 공적이나 출시 상품을 홍보하는 내용이다. 언론사 종류마다 다르겠지만, 일간지나 방송사 기자의 경우 매일 출입처에서 쏟아지는 브리핑 자료만 처리하기에도 시간이 빠듯하다. 주간지나 월간지 기자는 아예 홍보성 보도자료를 취급하지 않는 경우도 많다.

인터넷 언론이 그나마 보도자료를 참고하는 편이다. 매일 일정 건수의 기사를 송출해야 하는데 취재 기사만으로는 할당량을 채우기 힘들기 때문이다. 그럼에도 보도자료가 공적 가치와 너무 동떨어진 것으로 판단되면 기사화하지 않는다. 특히 요즘에는 네이버와 다음의 언론사 제휴 심사를 담당하는 뉴스제휴평가위원회가 홍보성 기사를 송출하는 언론사에 대한 벌점을 강화하고 있다. 자칫 보도자료로 지면을 채우다가 포털에서 쫓겨날 수도 있는 것이다. 포털사이트의 영향력이 절대적인 현재 언론계에서 포털 퇴출은 사망 선고나 다름없다. 그렇기 때문에 기자들 메일함에 쌓이는 보도자료 중 대다수는 열람도 되지 못한 채 쓰레기통으로 직행한다.

필자는 '무대뽀'식으로 기자들에게 접촉했다. 부동산 기사를 많이 쓴 기자들의 메일 주소를 찾아서 무작정 메일을 보냈다. 전화도 자주 걸었다. 주로 경제전문지 기자들과 접점을 넓히려고 노력했다. 그들에게 회사를 홍보해달라는 이야기는 일절 하지 않았다. 대신 부동산 업계에 도는 소문이나 특정 연예인의 빌딩 거래 사실을 귀띔하며 취재해볼 의향이 있는지 물었다. 쉽게 말해 홍보가 아닌 '제보'를 하는 것이었다.

처음에는 이상하게 생각하는 기자들이 많았다. 그러나 전달한 정보가 팩트로 확인되면 태도가 달라졌다. 기자들에게 먼저 연락이 오는 경우가 점점 늘어났다. 만나자고 하는 기자들도 적지 않았다. 기사와 관련해 멘트를 부탁하면 항상 친절하게, 적극적으로 응했다.

기자를 만나는 일은 고객을 상대로 영업하는 것과 똑같다. 다만 '나를 기사에 적극 인용해달라'는 식의 부탁은 절대 할 필요 없다. 그런 공인중개사들은 기자를 광고 수단으로만 이용하려는 의도가 뻔히 보이기 때문에 기자 입장에서 부담스러울 수밖에 없다. 그저 부동산 업계에 대한 본인의 생각을 근거를 바탕으로 이야기해주면서 전문성을 자연스럽게 보여주면 된다. 중요한 건 결코 특정 의도가 드러나지 않도록 조심해야 한다는 점이다.

때로는 근거 없는 소문이라도 이야기해주면 좋다. 기자는 정보에 늘 목말라 있는 사람들이다. 그 어디에도 알려지지 않은 소식을 귀띔해주면 기자와의 관계 발전에 큰 도움이 될 것이다. 예를 들어 "연예인 A씨가 삼성동 빌딩을 샀다더라." "기업인 B씨가 자녀에게 아현동 주택을 증여했다더라." "모 공인중개사 단체가 암암리에 중개료 인상 관련 시위를 준비하고 있다더라." 등이다. 나중에 취재 결과 해당 소식이 사실로 밝혀지면 그 기자는 단독 기삿거리를 확보하게 되는 것이다. 그렇게 되면 해당 기자와 호형호제할 정도로 가까워지는 건 시간 문제다.

이렇게 기자들 몇 명과 관계를 유지하다 보면 언론계에서 "빌사남이 인터뷰를 잘해주더라.""고급 정보를 많이 갖고 있더라." 하는 소문이 난다. 자연스럽게 업계 전문가이자 취재원으로서 격이 높아지는 셈이다. 물론 그렇게 되기까지는 보이지 않는 노력이 필요하다.

만약 어떤 기자가 전화해서 "이번에 정부가 부동산 중개수수료율 개편안을 발표했는데 이것이 업계에 어떤 영향을 미칠 거라고 보나?"라고 물었다고 치자. 공인중개사 입장에선 뭐라고 답해야 할까? "그런 내용은 처음 듣는다"거나 "나와는 상관없는 이야기"라고 말하는 순간, 그 기자로부터 신뢰를 잃게 된다고 봐도 무방하다. 이렇게 답하는 중개사에게 기자가 다시 한번 전화를 걸 리가 만무하다.

결국 중개사는 항상 뉴스를 가까이하며 시사를 제대로 꿰뚫고 있어야 한다. 또 뉴스를 그저 수동적으로만 받아들이면 안 된다. 본인만의 주관과 근거를 갖고 능동적으로 뉴스를 해석할 수 있어야 한다. 나아가 꼭 중개사 업계에 관한 소식만이 아니라 정책, 세금, 각종 지표 등 부동산과 관련된 모든 것을 평소 관심 있게 지켜봐야 한다. 기자가 어떤 질문을 해도 막힘없이 답할 수 있는 수준이 되어야 한다. 즉 끊임없이 공부해야 한다는 뜻이다.

기자들에게 접촉할 때 소위 '조중동'을 비롯한 메이저 언론만 고집할 필요는 없다. 포털사이트가 언론계의 공룡으로 떠오른 지금은 메이저 언론이라는 게 큰 의미가 없다. 소규모 언론이라도 네이버·다음과 검색 제휴를 맺고 있다면 뉴스란에 모두 똑같이 노출된다. 오히려 시간적 여유를 갖고 돈독한 관계를 맺고 싶다면 출입처가 따로 없는 소규모 언론사의 기자가 더 유리할 수도 있다. 출입처가 고정된 언론사의 기자는 매일 그쪽 사람들과 미팅을 하느라 다소 여유가 부족한 게 현실이다.

언론 매체의
종류별 특징을 알아보자

필자는 기자 개인의 열정과 실력이 소속 언론사의 규모보다 더 중요하다고 믿는다. 솜씨 좋은 발빠른 기자는 메이저 언론의 데스크보다 더 큰 도움을 줄 수 있다. 다만 매체 종류별로 기자의 업무 성향이나 취재 스타일이 다르니 각각의 특징을 숙지해두면 기자에게 접촉할 때 유리할 것이다.

일간지

일반적으로 '기자'라고 하면 가장 많이 떠올리는 모습이 일간지 기자일 것이다. 일간지는 크게 종합지, 경제지, 지역지 등으로 구분된다. 아마 공인중개사가 업무 현장에서 접촉할 가능성이 가장 큰 기자는 경제지 기자일 것이다. 경제지는 다른 매체에 비해 부동산 업계 소식이나 집값 추이, 분양 광고 등을 비교적 많이 다루기 때문이다. 요즘에는 정부 정책이 사회 곳곳에 미치는 파장이 워낙 넓다 보니 종합지와 지역지에서도 부동산 분야에 큰 관심을 갖고 있기는 하다.

그런데 모든 일간지 기자가 부동산 분야를 취재하는 건 아니다. 주로 사회부와 경제부가 맡게 된다. 사회부 중에서도 국토교통부, 기획재정부, 금융위원회 등 부동산 관련 정부 부처를 출입하는 사회정책팀이 담당할 확률이 높다. 공인중개사 입장에선 이런 부서의 기자들과 친분을 쌓아두면 기사에 등장하기 유리하다. 그 외에 경찰서를 출입하는 사건팀이나 검찰·법원을 출입하는 법조팀은 공인중개사의 멘트를 딸 일이 거의 없다.

그렇다고 굳이 소속 부서에 따라 기자들을 선별적으로

대하지는 말자. 기자 세계는 언론사나 부서에 상관 없이 한 다리만 건너면 대부분 선후배 관계로 연결되어 있다. 어떤 부서의 기자든 친해지면 부동산 관련 사안을 취재하는 기자에게 연결해주는 경우도 많다. 또 부서를 이동하는 일도 흔하기 때문에 문화부 기자가 사회부에 배속될 수도 있다. 그러므로 기자를 꼭 가려 사귈 필요는 없다.

일간지 기자가 중개사와 직접 만나서 멘트를 따는 경우는 흔치 않을 것이다. 그들은 워낙 바쁘다. 출입처 공무원들과 간담회를 가져야 하고, 시시각각 발표되는 브리핑도 다뤄야 하며, 대형 사건이 터지면 만사 제쳐두고 현장으로 뛰어가기도 한다. 그래서 취재는 통화로 진행할 때가 부지기수다. 질문 내용은 기획기사가 아니라면 대부분 현안에 초점이 맞춰져 있을 것이다. 어쨌든 아는 선에서 성실하게 답해주자. 일간지 기자가 얼굴 한번 안 보여준다고 섭섭해할 필요는 없다. 멘트가 급한 그들에게 매번 시의적절하게 전화로 답변해주면 분명 고마움을 느낄 것이다. 그렇게 자주 통화하는 것만으로도 좋은 관계를 쌓아나갈 수 있다. 나중에 기회가 닿을 때 만나서 고급 정보를 알려주면 관계가 더 업그레이드될 것이다.

방송사

방송사 기자들의 업무 형태는 일간지 기자와 비슷하다. 출입처를 드나들며 매일 취재하고 리포팅을 한다. 이들 역시 무척 바쁘다. 어느 정도 중량감 있는 인물이 아니면 만나서 멘트를 따는 경우는 잘 없다. 그래서 요즘 방송 뉴스에서 인터뷰이의 얼굴이 아닌 목소리만 나오는 장면을 자주 볼 수 있다. 물론 TV에 얼굴이 나오면 멘트의 영양가는 둘째 치더라도 가족과 주변 사람들이 호응을 해주는 뜻밖의 효과(?)가 분명 있다.

하지만 그런 부수적 효과를 노리고 방송에 집착하는 건 짧은 생각이다. 포털사이트에서 사람들은 대체로 동영상을 재생해 보기보다는 신문 기사를 더 많이 읽는다. 방송사 기자들과도 격의 없이 지내되 차별 대우를 할 필요는 없다. 그리고 본인이 패널로 출연할 수 있는 시사 대담 프로그램 등에서 섭외를 요청하는 쪽은 기자가 아니다. 각 프로그램 PD나 작가들이 섭외를 맡는다. 기사 한 꼭지가 아닌 대담 프로그램에 나가고 싶다면 PD·작가들과 친분을 쌓는 게 더 유리할 수도 있다. 물론 그들이 실력도 검증되지 않고 인지도도 약한 공인중개사에게 출연 요청을 할 가능성은 제로에 가깝다. 언론에 자주 노출되는 게 우선이다.

주간지·월간지

주간지와 월간지 기자는 출입처가 따로 정해져 있지 않은 경우가 많다. 소속 부서도 세부적으로 나뉘어 있지 않다. 정치부 기자라고 해서 반드시 정치 분야에 대해서만 쓰는 건 아니다. 이슈에 따라 사회나 경제, 문화 분야를 다룰 때도 있다. 그래서 일간지 기자에 비해 취재 범위가 넓다. 주간이나 월간 단위로 기사를 쓰기 때문에 취재의 폭과 깊이도 일간지와 다르다. 부동산 정책의 세부 방향에 대해 묻기보다는 장기적 영향이나 가치, 철학 등에 관해 묻는 경우가 꽤 있다.

주간지·월간지 기자는 노력에 따라 일간지 기자보다 깊은 관계를 맺기에 유리하다. 출입처에 매여 있지 않고 비교적 자유롭게 다양한 사람들을 만나기 때문이다. 다만 물리적으로 일간지만큼 부동산 이슈를 자주 다룰 수는 없다. 한

번 취재할 때 깊게 들어간다고 해도, 부동산 이슈가 매주 또는 매달 정기적으로 화제가 되는 건 아니다. 그래서 주간지·월간지 기자를 대할 때는 '왜 나를 인용해주지 않지?'라는 조급한 생각을 할 필요가 없다. 여유를 갖고 오래 관계를 이어나간다는 생각으로 대하면 된다. 이들과 접촉할 때는 보도자료를 적절히 활용하는 것도 한 방법이다. 일간지 기자보다는 보도자료를 참고할 시간이 조금은 더 있을 것이다.

인터넷 매체

인터넷의 발달로 언론의 외연이 급속도로 확장하고 있다. 인터넷 매체가 엄연히 언론의 범주에 속하게 된 건 이미 오래된 일이다. 더군다나 조선일보의 '조선닷컴', 국민일보의 '쿠키뉴스' 등 기존 신문사도 인터넷 매체를 따로 창간함으로써 지면과 온라인의 경계가 희미해지고 있다. 게다가 '스브스뉴스(SBS)' '엠빅뉴스(MBC)' 등 방송사도 유튜브 전문 뉴스 채널을 개설해 SNS를 통해 적극 유통시키고 있다. 이런 상황에서 기자를 상대할 때 소속이 전통 매체니, 인터넷 매체니 등을 따지는 건 사실상 무의미하다. 인터넷 매체 기자라고 해서 실력이 떨어질 거라고 생각하면 오산이다. 인맥이나 취재 솜씨가 굉장한 기자들도 꽤 많다.

인터넷 매체 기자를 상대하는 방법은 기존 매체의 기자들과 다를 바 없다. 똑같은 고객을 모시듯 정중하게 대하면 된다. 이들에게 접근하기는 좀 더 쉬울 수도 있다. 바로 보도자료를 통해서다. 경제 전문 인터넷 매체 기자들은 다른 매체에 비해 보도자료를 많이 참고하는 경향이 있다. 매일 일정량의 보도자료를 처리해야 하기 때문이다.

물론 광고 기업들의 보도자료가 우선 처리 대상이긴 하다. 그러나 앞서 언급했듯 공적 가치가 있다고 판단되면 개인 공인중개사의 보도자료라고 해서 굳이 배척하진 않는다. 홍보 의도가 짙은 내용은 자제하고 공익에 부합하는 보도자료를 만들어 배포하는 것도 고려해볼 만하다. 일례로 부동산 법률 상식이나 매매 팁, 유망한 투자 지역 등을 소개해주는 것도 괜찮다. 그러다가 본인의 보도자료를 기사화해주는 기자가 있다면 놓치지 말고 적극적으로 접촉해야 한다. 든든한 우군이 될 것이다.

인터넷 매체 기자를 상대할 때 조심해야 할 점이 있다.

일단 매체가 워낙 많으니 불순한 의도로 접근하는 기자도 간혹 있다. "인터뷰 기사를 실어주거나 신문에 소개해줄 테니 광고비를 달라"는 식의 제안을 하는 것이다. 말이 기자지 사실상 기자를 사칭한 장사꾼이나 다름없다. 이런 식으로 인터넷 매체에 내는 광고 기사는 들인 돈에 비해 효과가 미미하다. 정 광고 기사가 필요하다면 '크몽' 같은 프리랜서 마켓 플랫폼에서 언론 홍보 대행업체를 찾아 상의하는 편이 더 낫다. 기사 한 건 내는 데 5만~10만 원이면 충분하다.

네이버 CP
언론사 목록

대한민국은 언론 천국이다. 업황과 상관없이 적어도 숫자만 보면 그렇다. 2016년 「신문 등의 진흥에 관한 법률」이 개정되면서 누구든지 지자체에 신문 사업을 등록하면 언론사를 창간할 수 있게 되었다. 문화체육관광부 정기간행물 등록관리시스템에 따르면, 2021년 8월 말 기준 국내 언론사는 총 2만 3,300여 개에 달한다. 2016년 1만 8,666개를 기록한 이후 해마다 계속 늘었다. 이 중 인터넷 신문이 9,939개로 가장 많고, 주간지·월간지를 포함한 잡지(5,592개)와 특수 주간신문(1,671개) 등이 뒤를 이었다.

이들 언론사의 기자가 모두 대중의 알 권리를 위해 일한다고 단언할 수는 없다. 철저히 사익을 위해 움직이는 기자도 있고, 언론 윤리를 밥 먹듯 어기는 기자도 있다. 나쁜 의도로 접근한 기자와 잘못 얽히면 피해를 입을 수도 있다. 시간과 돈을 써서 기자와 친해졌는데 홍보에 전혀 도움을 받지 못할 수도 있다. 언론의 영향력을 활용하려는 공인중개사는 나름의 확고한 기준을 세우고 기자들과 접촉해야 한다. 이때 참고할 만한 기준이 '네이버 CP(콘텐츠 제휴) 매체' 여부다.

네이버 CP 매체란 네이버와 콘텐츠 제휴를 맺고 기사를 공급하는 언론사다. 네이버는 CP뿐만 아니라 각 언론사들과 뉴스스탠드 제휴와 검색 제휴도 맺고 있다. 이 중에서도 CP는 가장 결속도가 높은 제휴 단계다. 네이버에서 검색되는 CP 매체의 기사는 새 창을 띄울 필요 없이 네이버 사이트 자체에서 바로 확인이 가능하다. 네이버 메인 페이지에 뜨는 기사들이 바로 CP 매체 기사들이다. 해당 기사들은 공유도 잘 이루어지고, 댓글도 많게는 수천 개씩 달린다. 국내 검색엔진 중 네이버의 점유율은 2021년 2분기 기준 63.04%다. 구글에 많이 밀렸다고 해도 여전히 압도적 1위다. 이 때문에 네이버와 CP 제휴를 맺은 언론사의 영향력은 상당할 수밖에 없다.

네이버는 따로 CP 매체의 목록을 공개하지 않고 있지만, 확

인할 수 있는 방법이 있다. 네이버 PC 웹 화면의 뉴스 카테고리에서 우측 상단의 '언론사 뉴스'를 클릭하면 된다. 다음은 여기서 검색되는 CP 매체 총 72개의 목록이다.

① 종합(10)

경향신문, 국민일보, 동아일보, 문화일보, 서울신문, 세계일보, 조선일보, 중앙일보, 한겨레, 한국일보

② 방송/통신(13)

뉴스1, 뉴시스, 연합뉴스TV, 채널A, 한국경제TV, JTBC, KBS, MBC, MBN, SBS, SBS Biz, TV조선, YTN

③ 경제(11)

매일경제, 머니투데이, 비즈니스워치, 서울경제, 아시아경제, 이데일리, 조선비즈, 조세일보, 파이낸셜뉴스, 한국경제, 헤럴드경제

④ 인터넷(8)

노컷뉴스, 더팩트, 데일리안, 머니S, 미디어오늘, 아이뉴스24, 오마이뉴스, 프레시안

⑤ IT(5)

디지털데일리, 디지털타임스, 블로터, 전자신문, ZDNet Korea

⑥ 매거진(13)

레이디경향, 매경이코노미, 시사IN, 시사저널, 신동아, 월간 산, 이코노미스트, 주간경향, 주간동아, 주간조선, 중앙SUNDAY, 한겨레21, 한경비즈니스

⑦ 전문지(9)

기자협회보, 뉴스타파, 동아사이언스, 여성신문, 일다, 코리아중앙데일리, 코리아헤럴드, 코메디닷컴, 헬스조선

⑧ 지역(3)

강원일보, 매일신문, 부산일보

4장

공인중개사
온라인 마케팅의 모든 것

부동산 중개 플랫폼과 공인중개사 홍보 현황

요즘 뜨는 경제 용어 중에 '프롭테크(proptech)'라는 것이 있다. 부동산(property)과 기술(technology)을 결합한 합성어로, 인공지능이나 빅데이터와 같은 첨단 정보기술을 이용해 제공하는 부동산 서비스를 뜻한다. 가상현실(VR) 모델하우스, 3차원 공간설계, 부동산 크라우드 펀딩 등이 여기에 해당한다. 이 중 무엇보다 소비자들에게 친숙한 대표적인 프롭테크는 바로 직방이다.

부동산 중개 플랫폼 직방

부동산 중개 플랫폼 '직방'은 지역 공인중개사와 손잡고 오피스텔과 빌라 등 전월세 임차 매물을 중개하고 있다. 그 성장세는 무서울 정도다. 2010년에 설립해 10년 만에 매출 1조 원을 돌파하며 2021년 유니콘 기업(기업가치 1조 원 이상의 비상장기업) 대열에 들었다. 지금까지 누적 다운로드 수는 3천만 회가 넘는다. 규모와 인지도가 커지면서 직방은 전국의 공인중개사들을 블랙홀처럼 빨아들이고 있다.

대다수의 공인중개사는 직방에 의존하는 경향이 있다. 직방이 워낙 이용자 수도 많고 마케팅도 알아서 적극적으로 하고 있기 때문이다. 어쨌든 직방에 매물을 올려두면 소비자들에게 자연스럽게 연락이 올 것이란 기대감도 크다. 그래서 개인 공인중개사들이 별도로 홍보 활동을 신경쓰지 않기도 한다. 직방도 '협업' '상생' 등의 단어를 쓰며 공인중개사들과 함께 발전하는 사업 모델을 유지하겠다고 강조했다.

그런데 서서히 갈등의 조짐이 보이고 있다. 당연히 문제는 돈이다. 최근 직방은 부동산 중개업 진출을 선언했다. 부동산 중개 계약이 성사될 때 직방은 공인중개사가 받는 수수료의 절반을 가져가게 된다. 직방 측은 이번에도 "그 취지는 상생"이라고 주장했다. 하지만 공인중개사 측의 시각은 곱지 않다. 안 그래도 경쟁 과열로 직방에 주는 광고비가 늘어나면서 공인중개사들의 부담이 커져가는 상황이었다.

한국공인중개사협회는 직방을 포함한 대형 부동산 플랫폼의 중개업 진출을 '골목상권 침탈'로 규정하며 반발했다. 협회는 "공인중개사로부터 획득한 부동산 정보와 광고비를 기반으로 성장한 기업이 막대한 자본과 정보력을 가지고 직접 중개 시장에 진출하는 것은 상도의에 반할 뿐 아니라 중개업권 침탈행위"라고 주장했다. 일각에서는 "나중에는 직방이 세운 프랜차이즈가 공인중개사를 직접 고용하게 될지도 모른다"는 예측도 있다.

공인중개사의 홍보 창구는?

이 시점에서 자연스럽게 공인중개사협회 측에 궁금한 점이 하나 생긴다. 그렇다면 협회는 직방이 야금야금 시장을 잠

식해나가는 동안 무엇을 하고 있었을까. 물론 넋 놓고 쳐다보기만 했던 건 아니다. 협회가 직방 등 대형 플랫폼에 맞서 회원들의 무료 중개를 돕고자 '한방'이라는 앱을 만들었다. 그런데 인지도가 너무 낮다. 출시된 지 4년이 지났지만, 구글 앱스토어에서 기록한 누적 다운로드 수는 10만여 회에 그친다. 직방에 비해 사용하기 불편하다는 평가가 주를 이루고 있다.

공인중개사협회는 소속 중개사들을 상대로 홍보 강의를 진행하기도 한다. 필자도 한 번 가보았다. 딱 예비군 상대로 정훈교육을 하는 느낌이 들었다. 집중하는 사람이 거의 없다는 뜻이다. 협회가 다른 외부기관에 강의를 맡기기도 한다. 그래도 결과는 비슷하다. 동네에서 공인중개업을 하시는 분들이 나와 '내가 이렇게 실적을 많이 올렸다'고 자랑하는 정도다. 그마저도 코로나19 사태가 악화되면서 현장 강의를 진행하지 못하는 상황이다.

직방은 금전 부담이 크고, 공인중개사협회는 실질적인 도움이 못 된다. 그렇다면 개공은 앞으로 어떻게 영업을 해야 할까. 일단 누군가에게 의존하려는 자세부터 바꿔야 한다. '돈 주고 맡기면 어떻게든 되겠지.'라는 안일한 생각은 접어두자. 임차료와 운영비도 빠듯할 텐데 홍보에까지 돈을 낭비해선 안 된다. 본인이 스스로 콘텐츠를 만들고 공유해야 한다. 이를 위해 활용할 수 있는 플랫폼은 굉장히 다양하다.

간혹 길을 걷다 보면 공인중개사 사무소 겉면에 '급매' 등의 글귀를 써 붙여놓은 것을 볼 수 있다. 이는 홍보가 아니다. 이제 소비자들은 굉장히 스마트해졌다. 인터넷으로 비교 분석을 다 해보고 온다. 공인중개사 사무소를 직접 방문할 때는 이미 계약 여부를 결심하고 왔을 가능성이 크다. 소비자들이 똑똑해진 만큼 홍보 전략도 똑똑해질 필요가 있다.

이 장에서는 효율적인 마케팅 수단과 그 활용 방안에 대해 다룬다. 마케팅 플랫폼은 정말 많지만 대표적으로 유튜브와 블로그, 인스타그램에 주목하고자 한다.

유튜브를
왜 해야 할까?

유튜브는 이제 선택이 아닌 필수다. 시장조사기관 와이즈앱이 2021년 4월 만 10세 이상 국내 스마트폰 사용자들을 대상으로 조사한 결과, 한 달간 유튜브 총 사용시간은 680억 분으로 집계되었다. 2위인 카카오톡(292억 분)에 이어 압도적 1위를 차지했다. 사용자 수의 경우 유튜브는 4,039만 명, 카카오톡은 4,253만 명을 기록했다. 국내 성인 인구 수에 육박하는 수치다. 이쯤 되면 유튜브를 카카오톡과 함께

'국민 플랫폼'이라고 불러도 무방할 듯하다. 국민 대다수가 사용하는 플랫폼에서 홍보 활동을 하지 않을 이유가 있을까. 실제로 이미 많은 공인중개사가 유튜브 채널에 공을 들이고 있다.

유튜브 광고

유튜브는 꼭 해야 하지만 그 활용 방법에 대해서는 고민해볼 필요가 있다. 공인중개사 유튜브 채널에서 자주 눈에 띄는 콘텐츠는 매물 광고다. '급매' '급처분' '강추' 등의 꼬리말을 단 영상이 자주 올라온다. 영상 구성은 대부분 비슷하다. 처음에 건물과 그 주변의 풍경을 드론 등을 통해 원거리에서 보여준다. 그리고 촬영자가 걸어 다니면서 찍은 건물 안팎의 모습이 나온다. 동시에 "건물이 살기 좋다"거나 "투자 가치가 높다"는 내레이션이 이어진다. 이후 건물의 매매가와 면적, 구조, 준공일자 등이 뜬다.

필자는 지금까지 한 번도 매물 광고를 해본 적이 없다. 유튜브를 하는 다른 공인중개사들도 이 점을 신기하게 여긴다. 매물 광고를 하지 않는 게 잘못된 방향은 아니라고 확신한다. 물론 이유가 있다.

우선 매물 광고를 보고 찾아오는 손님들은 정확히 말해 '내 손님'이 아니다. 그들은 어디까지나 해당 매물에 매력을 느껴 나를 찾는 것일 뿐이다. 매물이 마음에 들지 않거나 본인의 조건과 맞지 않을 경우 언제든지 나를 떠나갈 사람들이다. 즉 나는 매물에 관한 '원 오브 뎀(one of them, 여럿 가운데 한 사람)'이 되는 것이고, 항상 대체될 수 있는 가능성을 내포하고 있다. 이렇게 되면 손님과 신뢰 관계를 형성하기 어렵다.

나는 부동산 거래에서 상호 간 신뢰가 굉장히 중요하다고 생각한다. 신뢰가 있다면 특정 매물에 대한 거래가 성사되지 않더라도 손님은 나를 다시 찾아올 가능성이 높다. 부동산처럼 거액의 상품을 판매할 때는 특히 그렇다. 이를 위해서는 광고 대상을 매물이 아닌 '나'로 맞춰야 한다. 즉 본인의 실력을 인정받고 이름을 알리려는 목적으로 유튜브를 활용해야 한다는 것이다. 일단 공인중개사로서 신뢰감을 얻게 되면 매출은 부수적으로 따라오게 되어 있다.

어떤 영상을 만들까?

• 기획 콘텐츠

그럼 어떤 영상을 만들어야 할까? 빌사남의 유튜브 채널 '빌사남TV'는 전공 분야인 빌딩에 관해 이야기하는 영상을 자주 올린다. 구체적으로 빌딩 투자와 관련된 궁금증을 해결해주는 내용을 다루곤 한다.

2020년 8월에는 건물 리모델링에 대해 궁금한 사람들을 위해 '건물 리모델링은 이렇게 하는 겁니다'라는 제목의 영상을 올렸다. 노후 빌딩을 세련되게 바꾸는 노하우를 실제 사례를 통해 보여주는 영상이다. 해당 영상의 누적 조회수는 1년이 지난 2021년 11월, 11만 회를 돌파했다. 리모델링에 대한 사람들의 관심이 크다는 것을 방증한다.

장기 기획 아이템을 선정해 관련 영상을 연속으로 올리는 것도 효과적인 방법이다. 그 일환으로 빌사남TV는 리모델링 프로젝트를 기획해 '빌딩 전문가가 최악의 건물을 구입한 이유' '제 건물을 아이폰처럼 만들어주세요' '이 가격에 리모델링 이렇게 하는 거 기적입니다' 등의 영상을 꾸준히 올리고 있다.

▲ 빌사남TV의 리모델링 기획 영상

　기획 아이템은 거창할 필요가 없다. 여러 콘텐츠를 공통으로 묶을 수 있는 주제만 떠오른다면 시도해볼 가치가 있다. 다른 유튜버나 전문가와 협업해 영상을 만드는 것도 좋은 기획 아이템이 될 수 있다. 빌사남TV의 경우 '빠숑'으로 유명한 김학렬 스마트튜브 부동산조사연구소 소장 또는 법무법인 산하와 손잡고 여러 영상을 만든 바 있다.

　이러한 기획은 협업 상대자의 구독자나 고객들을 자신의 채널로 끌어올 수 있다는 점에서 시너지 효과가 크다. 이

외에, 유명하진 않지만 사람들이 많이 몰리는 상권을 돌아다니며 분석하는 것도 좋은 기획거리가 될 수 있다. 제목은 '숨겨진 상권을 찾아서' 정도로 잡을 수 있을 것이다. 언론도 접근하지 못한 새로운 내용이 있다면 파급력이 상당할 것이다.

꼭 빌딩 투자자가 아니라 누구든 알아두면 유용한 정보를 다루기도 한다. '오늘부터 시행되는 새로운 부동산 관련 정책 정리해봅니다' '3분 카레보다도 빨리 끝내는 건물 재산세 꿀팁 정보!' '넷플릭스의 새로운 투자 방법' 등이 그 예다. 특히 세금 문제는 누구나 겪는 골칫거리 중 하나다. 정보성 영상은 좀 더 많은 사람들에게 이름을 알리는 데 유리하다. 공인중개사로서 본인이 전문가라는 자신감을 갖고 많은 사람들과 지식 나눔을 한다는 생각으로 영상을 만들면 좋겠다.

• 사회 이슈 활용

언론에서 눈독을 들일 말한 사회 이슈도 훌륭한 콘텐츠가 된다. 2021년 7월 가수 겸 배우 비(본명 정지훈)가 서초동의 한 빌딩을 920억 원에 매입했다. 강남역 도보 2분 거리의 초역세권에 자리 잡은 해당 빌딩은 한 달 임대료 수익만 2억 원이 넘는 것으로 알려졌다. 이는 부동산 업계는 물론 사회 전반적으로 적지 않은 관심을 끌었다.

빌사남TV는 비가 매입한 부동산과 관련해 '비, 김태희가 920억에 수익률 2%짜리 건물을 왜 샀을까?'라는 제목의 영상을 올렸다. 월세 수익이 2억여 원이면 연 수익률로 따졌을 때 약 2.6%다. 시세에 비하면 싸게 받고 있는 게 사실이다. 그럼에도 왜 비가 건물을 샀는지 영상을 통해 분석했다. 이런 내용의 영상은 세간의 이목을 집중시키기에 유리하다. 해당 영상 외에 'LH 직원은 계획적으로 땅 투기를 했다' '서장훈 빌딩 강제 철거설의 진실' '혜민스님 부동산 논란의 진실' 등도 사회면 기사로 다룰 법한 내용들이다.

이처럼 이슈를 빨리 캐치해서 공인중개사의 관점으로 해석하는 영상을 만드는 게 중요하다. 이런 측면에서 보면 공인중개사와 기자는 분명 공통점이 있다고 생각한다. 시대의 흐름을 놓치지 않으면서 콘텐츠를 발굴해야 한다는 것이다. 물론 기자에게는 그것이 필수 업무이지만, 공인중개사에게는 선택이라는 정도가 다르다. 그래도 의무감을 갖고 꾸준히 이슈의 영상화에 집중하다 보면 대중의 신뢰

를 얻을 수 있을 뿐만 아니라 전문성을 확보하는 데도 큰
도움이 된다.

• Q&A 영상

나중에 구독자가 어느 정도 모이거나 인지도가 올라갔다는
판단이 들면 Q&A 영상을 통해 사람들의 궁금증을 직접 해
결해주는 것도 좋다. 이제 Q&A 영상은 구독자가 많은 유튜
버들의 통과 의례처럼 여겨지고 있다. 다소 상투적이긴 하
지만, 사람들과 소통하고 있다는 인식을 주기에 Q&A 영상
만큼 짧고 간단한 방법도 없다.

• 브이로그

때로는 브이로그 형식으로 업무와 관련 없는 개인적인 이
야기를 영상으로 전달하는 것도 괜찮은 방법이다. 명심해
야 할 것은, 어쨌든 유튜브를 매물 광고 창구로 쓰지 말라
는 것이다. 광고를 보려고 유튜브에 접속하는 사람은 없다.
당장의 매출이 급해 유튜브에 매물 정보만 잔뜩 올리는 것
은 하책이다. 장기적으로는 대중에게 업자 이미지만 심어
줄 뿐이다.

업로드 주기와 영상 길이

유튜브는 꾸준히, 주기적으로 영상을 올리는 것이 중요하다. 업데이트 주기가 늦거나 불규칙하면 주목도가 떨어진다. 구독자의 관심을 계속 유지시키는 것도 힘들어진다. 매일매일 일과에 유튜브 관련 업무를 추가해 지속적으로 처리하는 게 좋다.

유튜브의 업로드 주기는 어느 정도가 가장 효과적인가 하는 물음은 줄곧 논쟁의 대상이 되어왔다. 유튜버들 사이에서는 '영상을 지속적으로 많이 올려야 알고리즘(영상 추천 기능)의 선택을 받을 수 있다'는 믿음이 대대적으로 깔려 있다. 유튜브는 알고리즘의 정확한 원리를 밝히고 있지 않다.

28만 명이 넘는 구독자를 보유한 미국 게임 유튜버 드레이크 맥휘터는 "2016년에 한 달 휴식한 적이 있는데 이전 수준의 조회수를 회복하는 데 1년이 걸렸다"고 주장했다. 그는 유튜브를 러닝머신에 빗대며 "1초라도 멈춰서면 곧 죽는다"고 경고했다. 영상 게재로 인한 압박감은 유튜버에게 번아웃(일에 지나치게 몰두해 극도의 신체적·정신적 피로로 무기력증에 빠지는 증후군)을 초래하기도 했다.

이와 관련해 수전 워치츠키 유튜브 최고경영자(CEO)는 2019년 말 "6년치 내부 데이터를 분석한 결과 한동안 영상을 올리지 않아도 수익에 아무 문제가 없다는 결론을 얻었다"고 밝혔다. 그러면서 유튜버들에게 휴식을 권했다.

이러한 조언이 모든 유튜버에게 똑같이 적용되는 건 아니다. 영상 업로드 주기와 조회수의 상관관계는 공식적으로 입증된 적도 없다. 그러나 경험상 초보 유튜버들은 영상을 올리는 데 있어 시간 간격을 너무 길게 가져가면 안 된다고 확신한다. 영상 한 편에 전력을 다 쏟아부어 만들었다고 해도 알고리즘의 추천을 받으리라는 보장은 없다. 초반에는 질보다 양에 신경 써야 한다.

개인적으로는 일단 유튜브 업로드 주기를 주 1회로 잡기를 권한다. 이후 영상 제작에 익숙해지면 2회로 늘려나가는 게 좋다. 그보다 더 많으면 영상 각각의 퀄리티를 보장하기 힘들고, 본연의 업무에 지장이 갈 것이다. 빌사남TV는 영상을 매주 평균 2개 정도 올리고 있다.

유튜브 영상의 길이 역시 업로드 주기만큼이나 뜨거운 논쟁거리다. 자칭 전문가들 사이에선 중간광고를 넣을 수 있는 10분 안팎이 가장 적당하다는 의견이 있다. 필자의 생각은 다르다. 전업 유튜버로 돈을 버는 게 목적이 아닌 이상 중간광고 삽입 시간까지 고려할 필요는 없다.

또 10분이 넘어가면 자칫 지루해지거나 이탈자가 생길 확률이 높다. 10분 동안 알차고 재밌는 내용으로 꽉꽉 채우면 시선을 잡아둘 수 있겠지만, 숙련자도 그렇게 만들기는 결코 쉽지 않다. 빌사남TV는 영상을 만들 때 되도록 5분을 넘기지 않으려 한다. 실제 유튜브를 하다 보면 핵심적인 내용을 5분 안에 압축해 보여주기가 더 어렵다고 느끼게 된다. 영상을 짧고 간결하게 만들도록 노력해보자.

유튜브 고수로
거듭나기

공인중개사는 장기적으로 인플루언서를 지향해야 한다. 롱런하는 인플루언서는 '뒷광고(특정 업체로부터 대가를 받고 광고 콘텐츠를 만든 뒤 유료 광고임을 표기하지 않는 것)' 논란에서 자유롭다. 인플루언서는 수익을 우선시하지 않고, 유용하고 재미있는 콘텐츠를 제공함으로써 인기를 끌어모으는 데 집중한다. 유튜브라는 효과적인 플랫폼을 광고판으로만 쓰는 우를 범하지 말아야 한다. 유튜브를 이용해 홍보

효과를 톡톡히 누리면서 활동 영역까지 확장하는 효과적인 방법을 소개한다.

다른 유튜브 채널을 참고하라

건설업계의 유튜브 채널은 참고할 만한 사례가 될 수 있다. GS건설이 2017년 개설한 '자이TV'는 초반에 아파트 공사 현장이나 완공된 모습을 담은 영상을 올렸다. '유료 광고'란 딱지만 안 붙었을 뿐, 사실상 자사 제품의 광고 영상과 다를 바 없었다.

그러다 2019년부터 '부동산 What 수다'라는 제목으로 토크쇼를 진행하기 시작했다. 여기에 강영훈 부동산 스터디 카페 대표, 심교언 건국대 부동산학과 교수 등 전문가를 초대해 부동산 정보를 집중적으로 다루었다. 2021년 초부터는 전진, 브라이언, 서경석 등 유명 연예인들이 사는 자이 아파트를 소개하는 '셀럽홈즈' 프로그램을 선보였다. 이처럼 광고를 배제하고 정보와 오락을 가미해 만든 영상은 큰 호응을 받았다. 자이TV의 구독자 수는 2021년 11월 기준

50만 명을 넘어 웬만한 대형 유튜브 채널 부럽지 않은 수준에 도달했다.

현대건설은 자체 제작한 웹 드라마 '현대건썰'을 유튜브에 공개하기도 했다. 송다은, 김해원 등 전문 배우를 주연으로 기용하고 조연으로 사내 직원들을 출연시켰다. 공개 당시 참신한 시도로 큰 화제를 불러모았다. 그 밖에도 직원들의 회사 생활을 보여주는 브이로그(개인 일상을 촬영한 영상), 여름철 모발 관리 방법을 알려주는 영상, 전국 전통주 소개 영상 등 아파트와 아무 관련 없는 영상들을 잇따라 올렸다.

대우건설은 유튜브 채널 '푸르지오 라이프'를 통해 건설·부동산 관련 소식을 포함해 인테리어, 요리, 세무, 법률 등 누구에게나 도움이 될 만한 정보를 제공하고 있다. 이에 힘입어 2021년 11월 구독자 20만 명을 바라보고 있다.

삼성물산의 '채널 래미안'은 실제 아파트에 살고 있는 사람들이 브이로그 형태로 일상을 소개하는 영상을 밀고 있다. 입주민들이 아파트의 장점과 생활환경 등을 알려주기 때문에 건설사가 직접 말하는 것보다 객관적이라는 평가를 받는다. 또 코로나19 여파로 실내에서 보내는 시간이 길어진 사람들을 위해 각종 취미 강의도 제작하고 있다.

개인 공인중개사가 대형 건설사와 같이 몸값 비싼 연예인을 기용하거나 고퀄리티 영상을 만들 수는 없다. 그래도 건설사가 유튜브를 운영하는 방향은 시사하는 바가 적지 않다. 재미와 효용성으로 소비자들에게 다가가는 것이 급선무다. 거듭 강조하지만 매물을 노출시키지 않으면서 신뢰감을 얻는 것이 중요하다.

얼굴을 드러내야 신뢰가 쌓인다

유튜브를 적극적으로 활용하지만 본인이 영상에 등장하기를 꺼리는 공인중개사도 있다. 본인 모습은 감추고 목소리와 자막만 노출시키는 식이다. 필자도 과거에는 그랬다. 빌사남TV를 초창기부터 구독한 사람은 알겠지만, 2019년 3월 영상을 올리기 시작한 뒤로 2개월 동안 필자는 얼굴을 드러내지 않았다. 그러다가 MCN(다중 채널 네트워크의 약자로 인터넷 스타를 위한 기획사) 업계의 한 대표님을 만난 뒤에 생각이 바뀌었다. 유튜브는 초반에 조회수와 구독자 수가 낮으니 신뢰감을 빨리 확보하는 게 관건인데, 이를 위해서는 유튜버 본인이 직접 얼굴을 비춰야 한다는 것이다. 그 이후부터는 지금까지 매번 영상에 출연하고 있다.

처음에는 부끄러울 수도 있다. 하지만 유튜브를 보고 사무소에 찾아오는 사람들은 어차피 마주하게 될 미래 고객이다. 그들과 신뢰감을 쌓는다는 생각으로 영상에 직접 출연할 필요가 있다. '얼굴이 너무 많이 팔릴까 봐 걱정된다'는 건 정말 기우다. '글을 쓰기 시작하면 노벨문학상을 탈 테니 펜을 잡지 않는다'는 말과 다를 바 없다. 유튜브 구독자 수를 늘리는 건 결코 쉽지 않다. 유튜브로 단기간에 인지도를 높이는 것도 마찬가지다. 결정적으로 카메라 앞에서도 얼굴을 숨기려 한다면 나중에 많은 고객들은 어떻게 일일이 대할 수 있을까.

편집을 너무 겁내지 말자

유튜브 영상을 만들 때 내용만큼이나 중요한 게 편집이다. '영화는 편집의 예술'이란 구문이 있는데, 이는 짧은 유튜브 영상에도 적용되는 이야기다. 편집을 잘하면 하고자 하는 이야기를 훨씬 더 효과적으로 전달할 수 있다.

최근에는 방송국 PD들이 유튜브로 진출하면서 편집 퀄리티가 TV 프로그램과 별반 차이가 없을 정도로 세련되어졌다. 방송국 본사 차원에서 유튜브 계정을 만들어 제2의 채널을 운영하는 경우도 많다. PD 지망생들이 아예 유튜브로 눈길을 돌렸다는 기사도 심심찮게 접할 수 있다. 이러한 경향 때문에 유튜브 편집이 날로 상향 평준화되고 있는 추세다.

하지만 기죽을 필요는 없다. 공인중개사가 만드는 영상의 주된 목적은 정보 전달이다. 전문 PD들이 주로 만드는 오락 영상과는 처음부터 지향점이 다르다. 또 대규모 자본을 투입해서 만든 영상과 일대일로 비교하는 건 무리다.

정보성 영상에서 좋은 편집이란, 자막을 보기 좋게 배치하는 것부터 시작한다. 유튜브는 자체적으로 자막 넣는 기능을 제공하고 있다. 그 밖에 영상에 자막을 입힐 수 있는 무료 프로그램도 인터넷에서 쉽게 다운받을 수 있다. 개인적으로 편집 기술을 배워서 영상을 직접 만질 수 있다면 더 좋다고 생각한다. 본인의 발언 중 강조하고 싶은 부분을 바로 영상에 드러낼 수 있기 때문이다. 그렇다고 편집에 너무 공을 들이면 주객이 전도되는 상황이 벌어질 수 있다. 편집은 끝이 없는 영역이다. 일단은 자막을 적절하게 넣는 것부터 시작해보길 권한다.

나중에 유튜브 채널이 어느 정도 성장하면 전문 PD를 고용하는 방법도 고려해볼 만하다. 빌사남TV는 PD를 고용해 편집을 맡기고 있다. 그리고 유튜브로 발생하는 수입을 PD에게 인센티브 형식으로 전액 지급한다. 현재 매달 50만 원 넘게 나오고 있다. 파격적인 조건이라고 생각한다. PD 입장에서는 기본급 외에도 추가 수입을 가져갈 수 있으니 자연스럽게 더욱 공을 들이게 된다. 다만 최근 편집자 몸값이 높아져서 PD 고용 여부는 어디까지나 선택 사항이다.

드론 촬영으로 고퀄리티 영상을

만약 여유가 된다면 드론으로 영상을 촬영하는 기법을 배워보라고 권장하고 싶다. 드론으로 하늘에서 찍은 영상은 부동산 입지를 객관적으로 볼 수 있도록 도와준다. 현장을 직접 둘러봐도 알기 힘든 주변 지리조건을 한눈에 확인할 수 있다. 드론 영상은 이제 부동산 투자 업계에서 빠져서는 안 될 중요한 자료가 되었다.

한국투자공사(KIC)는 2020년 중국 상하이에 지어질 약 13억 달러(1조 5,300억 원)짜리 데이터센터 건설 프로젝트에 대한 투자 여부를 결정하기 위해 드론 영상을 참고한 것으로 알려져 있다. 그해 5월 해당 데이터센터의 공사 현장에는 드론이 날아다니며 현장 이곳저곳을 두루 촬영했다. 드론이 찍은 사진과 영상은 한국투자공사 운용본부로 전송되었다. 투자 심사역들은 이를 보고 주변 입지와 건설 진행 상황이 좋다고 판단해 투자를 결정했다. 코로나19로 출장길이 막히자 드론을 띄워 '원격 답사'를 한 셈이다.

예금보험공사도 2020년 말 드론을 활용해 홍보에 나서 주목을 받았다. 예금보험공사는 파산한 저축은행이 대출담보로 보유한 PF자산을 매각하는 과정에서 투자자들의 관심을 끌기 위해 신기술을 동원했다. 일단 드론과 항공뷰 등으로 PF사업장이 있는 주변을 조망하고, 이를 토대로 교통 여건과 입지 정보를 담은 책자를 발간한 것이다. 직방은 드론 촬영에 3차원 CG, VR 등 신기술을 접목해 모바일 모델하우스를 구현하겠다는 계획을 밝혔다.

개인 공인중개사도 드론 영상을 적극 활용하면 주목도를 상당히 높일 수 있다. 드론 영상은 객관적인 정보 전달에도 유용할 뿐만 아니라 영상미를 높이는 데도 한몫한다. 드론의 활용도가 높아지면서 관련 시장도 급격히 커지고 있다. 국토연구원의 조사에 따르면, 국내 드론 시장 규모는 2016년 704억 원에서 2020년 4,595억 원으로 6배 이상 폭등했다. 이에 따라 드론을 활용한 사업체 수와 사용 신고한 드론 수도 해마다 늘어나는 추세다. 특히 부동산 업계에서 드론 영상 제작업체에 외주를 주는 경우가 많다고 알려져 있다.

그렇다고 무턱대고 외주를 주면서까지 드론 영상을 만들어야 한다는 말은 아니다. 드론 영상이 필요하지도 않는데 굳이 돈을 쓸 이유는 없다. 대신 본인이 미리 드론 영상 촬영 기법을 배워놓는다면, 나중에 유튜브 제작의 폭이 분명 넓어질 것이다. 무엇보다 드론 산업은 4차 산업혁명의 먹거리로 꼽히며 국가 주도의 투자가 유력한 분야다. 꼭 유튜브 때문이 아니더라도 배워둬서 나쁠 건 없다고 확신한다. 공인중개사 자격증은 부동산 전문가로 가는 최종 관문이 아니다. 전문가로 가는 길을 열어젖히는 시작점이다. 전문가로 인정받기 위해서는 여러 기술과 지식을 끊임없이 습득해야 한다. 편집 기술과 드론 활용 능력이 그 예다.

유튜브로 방송 출연까지

유튜브를 성실히 운영하다 보면 뜻하지 않게 좋은 기회가 생기기도 한다. TV 방송국에서 들어오는 섭외 요청이다. 섭외는 방송 작가들이 담당하는데, 보통 유튜브나 블로그, 기사 등을 보고 연락하는 경우가 대부분이다. 필자는 KBS 〈연예가중계〉에서 섭외 요청을 받은 적이 있다. 연예인들이 매입한 빌딩을 분석해달라는 내용이었다. 방송 작가는 "그간 빌사남이 연예인 부동산 매매와 관련해 꾸준히 올렸던 글을 보고 연락했다"고 전했다.

이 외에 연합뉴스TV 등 뉴스 전문 채널에서도 섭외 요청이 들어온다. 필자는 가급적 매번 출연하려고 노력한다. 방송가에는 불문율이 있다. 작가들은 2번 이상 섭외를 거절한 외부인에게 다시 출연 기회를 주지 않는다는 것이다. 그렇기 때문에 섭외 요청이 들어오면 최대한 시간을 내서 응하는 게 좋다. 어쨌든 본인의 얼굴을 보다 많은 대중에게 공개할 수 있는 기회다. 추후 매출 증대로 이어질 가능성도 높다.

필자는 유튜브로 이루고 싶은 목표가 있다. 넷플릭스의 리얼리티 프로그램 〈셀링 선셋(Selling Sunset)〉과 같은 콘텐츠를 만드는 것이다. 이 프로그램은 미국 공인중개사들의 럭셔리 라이프를 다루고 있다. 미국 리얼리티에서 흔히 볼 수 있는 '사랑과 전쟁'식의 이야기가 기본적으로 깔려 있다. 그러나 무엇보다도 눈길이 갔던 부분은 LA의 초호화 주택들이었다. 최대 800억 원에 육박하는 집도 등장하는데 그 화려한 모습에 넋을 잃을 정도였다.

나중에는 이와 같은 해외 부동산을 우리나라 사람에게 중개하고, 반대로 국내 빌딩을 외국인에게 파는 일도 맡고 싶다. 또 일련의 과정을 영상으로 만들어 보여주겠다는 꿈이 있다. 현대사회에서 직업 간 경계는 빠른 속도로 허물어지고 있다. 필자 역시 공인중개사인 동시에 유튜버와 블로거를 겸업하고 있다. 이런 측면에서 보면 공인중개사는 콘텐츠 공급자라는 생각도 든다. 보다 많은 공인중개사가 콘텐츠를 기획하고 제작한다는 생각으로 유튜브 활동을 이어갔으면 한다.

일단 너무 고민하지 말고 영상을 찍어보자. 탁자에 앉아 '부동산 정책 대응 방법' '요즘 뜨는 상권과 그 이유' '나의 부동산 답사기' 등을 주제로 자유롭게 이야기하는 모습을 영상에 담으면 된다. 굳이 대본을 짤 필요도 없다. 친구에게 말해주는 것처럼 그때그때 생각나는 것을 입 밖으로 꺼내면 된다. 유튜브의 장점은 날것 그대로의 모습을 대중과 공유할 수 있다는 것이다. 결과물이 너무 이상하면 편집으로 수정하거나 첨가하면 된다. 구입해야 할 준비물은 삼각대 하나뿐이다. 영상은 스마트폰으로 찍으면 충분하다. 시작이 반이다. 유튜브 채널의 운영 방향은 영상을 하나씩 올리면서 차차 잡아나가면 된다. 유튜브를 너무 어렵게 생각해 망설이다가는 도태되기 십상이다.

빌사남이 추천하는
유튜브 채널

① 라이언 세르한트(Ryan Serhant)

미국 부동산 중개업계의 백만장자 라이언 세르한트가 운영하
는 채널이다. 수십억~수백억 원에 달하는 초호화 주택을 감각

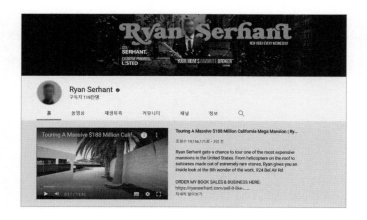

적인 영상으로 보여준다. 세련된 음악이 어우러져 마치 부동산을 소재로 한 예술 영상 같은 느낌마저 준다. 여기에 엔터테이너 자질이 풍부한 라이언의 입담과 리액션이 영상의 몰입도를 끌어올린다. 그 외에도 라이언은 '타운하우스 인테리어 전후 비교' '드라마에 나온 부동산 가치 분석' 등 여러 가지 분야를 콘텐츠 소재로 다루고 있다. 자신의 일상을 담은 브이로그 영상도 올린다. 라이언은 미국에서 유튜브를 자신의 중개법인 홍보 도구로 적극 활용하는 대표적인 인물로 꼽힌다. 필자 개인적으로도 가장 닮고 싶은 유튜브 채널이기도 하다.

② 베트남 부동산 이야기

베트남에서 부동산 중개업을 하는 한국인 김효성 씨가 운영하는 채널이다. 그에 따르면, 베트남 부동산 시장은 급속도로 발전하고 있다. 우선 생활 수준 향상으로 교육 환경이 달라지면서 국제학교가 생겨났다. 거미줄 같은 교통 상황도 인프라가 갖춰지면서 정돈되어가고 있다. 이러한 변화로 인해 투자금이 몰려들면서 부동산 가격이 점점 오르고 있다.

다만 보유나 양도 과정에서 발생하는 세금 문제는 조심할 필요가 있다고 한다. 주택의 수요층이 부자와 서민으로 극명하게 나뉘는 것도 염두에 두어야 하는 대목이다. 국내에선 접하기 힘든 베트남의 부동산 소식을 알고 싶다면 적지 않은 도움이 될 것이다.

③ 에릭 코노버(Erik Conover)

라이언 세르한트와 마찬가지로 미국의 각종 부동산을 소개하는 채널이다. 소개 대상의 대다수는 슈퍼리치들의 럭셔리 주택이다. 간혹 뉴욕에서 가장 작거나 월세가 100만 원도 안 되는 허름한 집을 소개하기도 한다.

운영자 에릭 코노버는 본업인 부동산 중개업 외에 다큐멘터리 영상 제작도 하고 있다. 그래서인지 그의 영상에서는 세

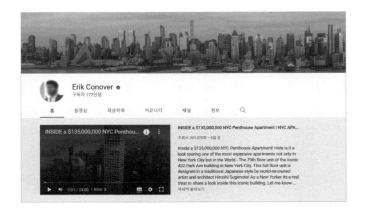

련된 영상미와 연출 기법이 돋보인다. 개인적인 영상도 올리는 라이언에 비해 에릭은 주로 부동산을 소개하는 데 집중하고 있다.

④ 빠숑의 세상답사기

부동산 전문가인 김학렬 스마트튜브 부동산조사연구소 소장이 운영하는 채널이다. 부동산 뉴스가 매일 셀 수 없이 쏟아지는 와중에 투자자가 이를 모두 소화하기는 불가능하다. 게다가 객관적인 정보를 가장해 특정 세력의 잇속을 채우기 위한 미끼를 던지는 뉴스도 적지 않다. 이 같은 상황에서 빠숑의 세상답사기는 비교적 객관적인 시선으로 주요 부동산 뉴스를

짚어준다. '핫이슈 지역 탐방' 등과 같은 유료 콘텐츠가 많지만, 무료 뉴스 방송만 봐도 큰 도움이 된다. 김학렬 소장이 같은 이름으로 운영하는 블로그도 참고할 만한 글이 많다.

블로그는
여전히 필수다

블로그는 이제 올드미디어라고 해도 무방할 만큼 오래된 플랫폼이다. 블로그를 활용한 마케팅은 시중에 그 전략이 정말 많이 소개되어 있다. 네이버에 '블로그 마케팅'을 검색하면 나오는 책만 무려 1,413권이다. 블로그 마케팅을 도와주는 업체 또한 헤아릴 수 없을 만큼 많다. 사실상 포화 시장이라고 해도 과언이 아니다. 파워블로거를 필두로 한 블로거의 위상도 예전과 같지 않다. 그래도 지금까지 명맥을

유지하고 있는 이유는 무엇일까? 아마 투자 대비 효과가 이만큼 좋은 플랫폼도 없기 때문일 것이다.

부활의 조짐도 서서히 보이고 있다. 네이버 블로그에서 2020년 4월 생산된 월평균 글 양은 2,100만 건을 돌파했다. 전년 대비 65% 증가한 수치로, 역대 최대치다. 신규 사용자도 증가하고 있다. 2020년 3월 기준 네이버 모바일 블로그 앱을 설치한 사용자는 전년 대비 29% 증가했다.

게다가 유튜브의 부상으로 동영상 콘텐츠를 만드는 블로거도 늘어나고 있다. 2020년 4월 그 숫자는 전년 대비 34% 증가했다. 해가 바뀌어도 성장세는 이어지고 있다. 2021년 6월 네이버 블로그의 월간 순이용자는 288만 명을 기록해 1년 사이 30%가량 늘어났다. 이처럼 블로그에 다시 사람이 몰리는 배경으로는 코로나19에 따른 집 체류시간 증가가 꼽힌다. 또 20대 사이에서 블로그가 일상을 기록하는 트렌디한 매체로 부각했기 때문이라는 분석도 나온다. 한때 광고판이라는 취급도 받았지만 점점 시대적 상황에 맞춰 탈바꿈하는 모양새다. 블로그를 활용해야 할 이유가 또 하나 추가된 셈이다.

블로그의 장단점

일단 블로그는 마케팅 수단으로 사용하기에 부담이 없다. 게재할 수 있는 콘텐츠의 종류에 제한이 없기 때문이다. 글만 써도 되고, 사진과 영상을 올려도 된다. 어쨌든 카메라로 찍어야 하는 유튜브에 비하면 훨씬 품이 적게 들어간다. 유튜브처럼 콘텐츠의 양이나 업로드 주기로 인한 압박도 덜하다.

하지만 최소한 지켜야 할 규칙은 있다. 블로그에도 유튜브와 마찬가지로 매물 광고를 올려선 안 된다. 블로그에서는 특히 더 조심해야 한다. 왜냐하면 블로그를 보는 사람들의 시선이 아직도 마케팅 도구에 머물러 있는 경향이 강하기 때문이다. 지난 10여 년 동안 블로거들의 행적을 돌이켜보면 일견 이해는 된다.

한때 악명을 떨친 '블로거지(블로거+거지)'는 블로그 마케팅의 어두운 면을 여실히 보여준다. 이는 막무가내식 요구를 하는 일부 파워블로거들로 인해 생겨난 신조어다. 이들은 아무 식당에나 들어가 "블로그에 음식을 칭찬해줄 테니 공짜로 달라"고 제안했고, 무시당하면 음식에 대해 혹평을 휘갈겼다. 이러한 현상이 심화되자 블로거는 신종 갑질의 대명사로 떠올랐다. 오죽하면 정부까지 나섰을까. 지난 2012년 공정거래위원회는 블로거를 겨냥해 '일정 대가를 받고 쓴 후기 및 광고에 대해 작성자는 게시글에 작성료를 받았다는 사실을 명시해야 한다'는 가이드라인을 만들었다.

그러니 광고 블로그라는 낙인이 찍히지 않도록 매물 광고는 올리지 말아야 한다.

블로그 활용 꿀팁 1: 글은 짧게

블로그를 향한 부정적 시선을 고려했을 때, 이를 활용한 마케팅은 아주 신중히 접근할 필요가 있다. 필자는 크게 3가지 카테고리로 나눠 콘텐츠를 올리고 있다. '부동산 고급정보' '부동산 칼럼 및 신문기사' '빌사남 소식'이 그것이다. 광고성 글은 일절 없다. 부동산 투자자에게 도움이 될 만한 법적 상식이나 자료 등을 가공해서 보여준다. 길게 설명할 필요 없이 예를 들고자 한다. 2021년 8월 9일 부동산 고급정보란에 올린 '경사면을 잘 활용하는 방법'이라는 글이다.

〈경사면을 잘 활용하는 방법〉

안녕하세요, 빌사남입니다~!
오늘은 경사면을 활용한 사례를 소개합니다~!

빌딩 투자를 하면서 가장 먼저 알게 되는 용어가 1종, 2종, 3종 일반주거지역이다.

서울시를 기준으로 용적률순으로 볼 때 1종 일반주거지역은 150%, 2종 일반주거지역은 200%, 3종 일반주거지역은 250%이기 때문에 가장 높은 용적률인 3종이 제일 좋고 1종은 가치가 없다고 생각할 수 있다.

하지만 서울시 기준으로 3종의 경우 용적률은 높지만 건폐율은 50%로 오히려 줄어들기 때문에 위층까지 임차인이 들어가기 애매한 위치거나 일조권 사선을 많이 받는 경우에는 3종의 가치가 더 안 좋을 수 있다.

1종 일반주거지역은 대부분 주택가이고 경사지에 있는 경우가 많아 단점이라고 생각할 수 있지만, 경사면을 잘 활용해 지하층으로 인정받으면 한 층의 이득을 볼 수 있는 2종

같은 1종 건물들이 꽤 있다.

지하층은 바닥에서 지표면까지 평균 높이가 해당 층 높이의 2분의 1 이상이면 지하층으로 인정받게 되며, 건축법상 지하층으로 인정받으면 용적률에 포함되지 않고 건폐율도 제한을 받지 않는다.

실제로는 건물에 바로 진입할 수 있는 1층이지만, 건축법상 지하층으로 인정받는다면 1개 층을 덤으로 얻게 되는 것이다.

이렇게 될 경우 평지에 있는 2종 일반주거지역보다 더 넓은 면적을 얻을 수 있다. 이득을 본 1종 일반주거지역 건물은 건축물대장상에는 지상 4층이지만, 실제로 가면 지하 1층이 실제 1층으로 인정받아 5층 건물로 되어 있다.

경사가 있는 건물 활용 사례

A씨는 2017년 1종 일반주거지역에 있는 건물을 30억 원에 매입했다.

1종이라 용적률이 150%이긴 하지만, 건물 뒤에 경사가 있어서 신축 시 지하 1층이 지상으로 노출될 수 있는 건물이었다. 그래서 지하 2층~지상 4층 규모로 신축했지만, 실제로는 지하 1층~지상 5층 규모 빌딩처럼 보였다. 건물은 경사면을 활용해 1종이었지만 오히려 2종보다 더 효율적으로 공간을 만들 수 있었고, 매입한 지 3년 만인 2020년 80억 원에 매각했다.

경사가 있는 1종 일반주거지역을 2종보다 저렴하게 매입해, 신축할 때 1개 층의 이득을 본 뒤 최대로 활용해 차익을 얻은 사례다.

이처럼 경사면을 활용해 2종 일반주거지역과 비슷하거나 2.5종(?)의 효과를 얻을 수 있는 1종 일반주거지역을 잘 찾아낸 뒤 저렴하게 매입해 신축한다면 많은 시세차익을 얻을 수 있다.

이때 1개 층을 얻을 수 있는지는 중개사에게 문의하기보다는 건축사와 함께 현장을 방문해 확인하는 것이 더 좋다.

정말 부동산 투자자에게 '꿀팁'이 될 만한 글이라고 생각한다. 보다시피 매물에 대한 언급은 없다. 오직 투자자에게 도움이 되는 정보만 간략하게 썼을 뿐이다. 예시로 든 이 글은 공백 포함 1,240자이고, 원고지로 7.4매다. 글의 양은 이 정도가 딱 적당하다고 본다. 재미를 위한 글이 아닌 이상 원고지로 10매가 넘어가면 집중력이 떨어질 수 있다. 이와 같은 글을 일주일에 2~3개 정도 올리고 있다. 일간지 기자가 매일 기사를 쓴다는 생각으로. 물론 사람들과 늘 대면하며 멘트를 따야 하는 기자에 비하면 부담은 훨씬 덜하다.

만약 글이 불가피하게 길어진다면 중간제목이나 발문(跋文, 본문의 대략적인 내용을 짧게 적은 글)을 적극적으로 활용해보자. 이는 주간지나 월간지 등 호흡이 긴 글을 쓰는 매체에서 자주 쓰는 방법이다. 몇 개의 문단에 담긴 내용을 요약해 한 번에 보여줄 수 있는 문구를 글 곳곳에 넣어두는 것이다. 이렇게 하면 내용을 정리하면서 글을 쓸 수 있다. 또 주제에서도 벗어나지 않게 해준다는 장점이 있다. 독자 입장에서는 가독성이 높아진다. 제목과 중간제목만 읽어도 글의 전반적인 내용을 파악할 수 있다면 제목을 아주 잘 뽑은 것이다.

블로그 활용 꿀팁 2: 나열식으로 쓰기

나열식 글쓰기를 하는 것도 한 방법이다. 이는 글의 내용을 묶어 '첫째' '둘째' '셋째' 등 숫자를 달아 순서대로 쓰는 것이다. 꼭 숫자를 달지 않고 소주제별로 나눠서 써도 나열식 글쓰기라고 할 수 있다.

이러한 방식은 사실 꽤 고루한 스타일의 글쓰기라고 할 수 있다. 대입 논술이나 자기소개서에서는 가급적 써서는 안 되는 방식으로 알려져 있다. 하지만 나열식 글쓰기가 글을 일목요연하게 보여주는 데 효과적인 방법이라는 점도 무시할 수 없다. 입사할 때 블로그를 보여줄 것도 아니고, 독자들에게 부동산 관련 정보를 쉽게 전달할 수만 있다면 장땡이다.

필자도 자주는 아니지만 가끔 글을 나열식으로 서술해 올리곤 한다. 2021년 7월 22일에 올린 다음의 글이 그 예다. 나열식으로 글을 쓰면 서론과 결론을 생략해버려도 자연스럽기 때문에 부담이 적다.

〈아파트보단 꼬마빌딩! 큰손들이 투자하려는 이유는?〉

꼬마빌딩은 아파트와 비교해 상대적으로
대출 규제가 심하지 않다

주택 시장에서 서울 등 투기지역, 투기과열지구는 무주택자라도 주택담보대출비율(LTV)이 엄격한 편이다. 해당 지역에 있는 9억 원 이하의 주택은 LTV를 40%로 적용하지만, 15억 원 초과 고가 주택은 대출이 되지 않기 때문에 매입이 힘든 부분이 있다. 이에 비해 꼬마빌딩은 신용도에 따라 다르겠지만 법인의 경우 50~80%까지 대출이 나올 수 있다.

자녀 증여, 상속으로도 괜찮다

안정적인 임대 소득이 보장되는 동시에, 훗날 가치 상승을 고려한다면 자녀에게 증여하는 재산으로 안성맞춤이다. 꼬마빌딩은 건물마다 개별적 특성이 강하고 거래가 빈번하지 않아 매매 사례가액을 확인하기 어렵다. 따라서 상속이나 증여세 부과 시 아파트처럼 시가를 기준으로 하는 것이 아니라 공시가격이나 국세청 기준시가 등과 같은 보충적 방법을 이용한다. 이러한 방법은 시세의 60~70%를 반영하기 때문에 증여 시 세금 부담이 적은 것은 사실이다. 다만 지난해 1월부터 국세청은 시세와 가격 차이가 크거나 고가인 경우 감정평가를 한다고 밝혔기 때문에 이 점을 유의할 필요가 있다.

은퇴자들은 안정적인 수입원이 될 수 있다

가격이 다소 비싸고 임대수익이 낮더라도 좋은 입지의 공실 걱정이 적은 건물을 사는 것이 좋다. 특히 원룸텔처럼 임차인이 많은 건물은 매입 시 신중한 고려가 필요하다. 여름에 장마가 오면 임차인으로부터 '물이 샌다' '전기가 나갔다' 등 전화가 빗발치는 상황이 올 수 있다. 노후를 대비해 건물을 샀다가 매일 페인트칠하고 마음고생하기 십상이다. 원룸보다 근린생활시설의 투자를 추천하는 이유다.

블로그 활용 꿀팁 3: 자료 수집

글을 쓰기 위해 어느 정도 취재는 해야 한다. 앞서 소개한 글에서처럼 경사면 빌딩의 투자 가치에 관한 글을 쓸 때는 관련 법령과 실제 매매 사례 등을 참고했다. 무엇보다 지난 2018년 6월 매일경제에 "'지하1층'의 숨은 가치…경사면 건물의 재발견"이라는 제목의 기고문을 쓴 적이 있어서 블로그 글을 작성하는 일은 어렵지 않았다.

이처럼 글을 여기저기에 많이 쓰다 보면 소재가 겹칠 때가 종종 있다. 그러면 예전에 쓴 본인의 글을 재가공해서 블로그에 올려도 무방하다. 써둔 글이 쌓일수록 블로그 업데이트가 점점 더 쉬워지는 셈이다. 본인의 글을 인용하는 것이기 때문에 저작권 문제는 신경 쓸 필요가 없다.

정부에서 발표한 공식 자료도 블로그 글의 훌륭한 소스가 된다. 이때 언론에서 재가공한 자료를 그대로 인용하는 건 권하지 않는다. 저작권 문제는 둘째 치고 언론은 공식 자료 중 일부만 가져와 입맛에 맞게 배열하는 경우가 흔하다. 기자들이 기사를 쓸 때는 기본적으로 정부에 비판적인 시각을 깔고 있다. 기사만 보고 전체 상황을 객관적으로 조명하기에는 무리가 있다.

그래서 필자는 정부(주로 국토교통부) 홈페이지에 올라와 있는 보도자료를 참고해서 블로그 글을 쓰고 있다. 대한민국 정책브리핑(www.korea.kr) 홈페이지도 큰 도움이 된다.

2020년 9월 15일 블로그에 올린 "'부동산 3법' 종부세, 양도세, 취득세 강화"라는 제목의 글이 적절한 예가 될 수 있을 듯하다.

〈'부동산 3법' 종부세, 양도세, 취득세 강화〉

다주택자 종부세율을 최대 6% 상향

종전에는 3주택 이상 또는 조정대상지역의 2주택 소유자에 대해 과세표준 구간별로 0.6%부터 3.2%까지의 세율을 적용했으나, 앞으로는 1.2%부터 6.0%까지의 세율을 적용하는 것으로 상향되었습니다.

그리고 1세대 1주택자 및 일반 2주택 이하 소유자에 대해서는 과세표준 구간별로 0.5%에서 2.7%의 세율을 적용했으나, 앞으로는 0.6%에서 3.0%의 세율을 적용하는 것으로 상향되었습니다.

법인에 대한 단일 종부세율 신설

종전에는 개인과 법인 모두 동일한 세율을 적용했으나 앞으로는 2주택 이하를 소유한 법인에는 3%의 단일 세율을 적용하고 3주택 이상 또는 조정대상지역 내 2주택을 소유한 법인에는 6%의 세율을 적용하게 됩니다.

1세대 1주택자 세 부담 완화

1세대 1주택 요건을 충족한 만 60세 이상 고령자에 대해 연령별로 적용되는 세액공제율을 현행 10~30%에서 20~40%로 상향하고, 1세대 1주택자의 장기보유특별공제 세액공제 및 연령별 세액공제의 최대한도는 100분의 70에서 100분의 80으로 상향합니다.

법인 보유 주택에 대한 과세표준 산정 시 6억 원 공제 미적용

종전에는 개인과 법인을 구분하지 않고 납세의무자에게 과세표준 산정 시 6억 원을 공제했으나, 앞으로는 납세의무자가 법인인 경우 과세표준 산정 시 6억 원을 공제하지 않습니다.

취득세, 중과세 대상 다주택자 범위 확대

지방세법 개정안에는 '주택 취득세 중과세 대상 다주택자 범위를 확대하고 조정대상지역은 2주택자는 8%, 3주택 이상은 12%를 적용하도록 했습니다(현재는 4주택자 이상만 4%). 비지정 대상 지역은 2주택자까지는 현행대로 1~3%이고, 3주택 8%, 4주택 12%로 한 단계씩 낮춰서 적용합니다.

블로그 활용 꿀팁 4: 메인에 노출되는 방법

블로그를 한 방에 크게 띄울 수 있는 방법이 하나 있다. 블로그 글이 네이버 메인에 실리는 것이다. 일단 메인에 한번 노출되면 조회수가 평소의 10~20배 정도 폭증한다고 알려져 있다. 댓글도 상당히 많이 달린다. 그렇게 되면 메인에 노출된 글 외에 블로그의 다른 글도 홍보 효과를 자연스럽게 누리게 된다. 때로는 메인 노출을 노리고 전략적으로 글을 쓸 필요가 있다.

이를 위해서는 대중이 정말 관심 있고 궁금해할 만한 주제를 선택해야 한다. 흔하지만 가장 쉽게 흥미를 유발할 수 있는 아이템은 연예인이다. 예를 들어 '연예인들은 왜 건물에 집착하나?' '가수 A씨는 청담동 건물로 얼마나 시세차익을 봤을까?' 등이다.

사실 빌딩과 연예인은 떼려야 뗄 수 없는 관계다. 소득이 상당히 높지만 일이 불규칙적인 연예인들은 안정적인 수익원을 만들기 위해 빌딩을 매입하는 경향이 강하다. 이들의 행보만 유심히 관찰해도 뽑아낼 수 있는 콘텐츠가 굉장히 다양하다. 또 사람들의 관심을 모으기에도 유용하다.

필자는 블로그에 '연예인 빌딩'이라는 코너를 만들어놓고 관련 글을 모으고 있다. 꼭 연예인뿐만 아니라 운동선수나 BJ 등을 소재로 삼아도 상관없다. 2020년 6월 26일 배우 신민아 씨가 서울 용산구 빌딩을 매입한 이유를 설명한 글은 네이버 블로그와 포스트 등에서 20만 건에 가까운 조회수를 기록했다. 호기심을 불러일으키는 제목과 신민아 씨에 대한 관심이 조회수에 영향을 미친 게 아닌가 생각한다.

〈신민아, 85년 된 빌딩 55억 주고 왜 샀나 했더니…〉

청담동에서 주차장을 운영하며 월 3천만 원의 임대수익을 얻었던 배우 김희애 씨 기억하시나요? 김희애 씨의 주차장은 현재 새로운 건물로 신축 중인데요.

여기 비슷한 노선을 탄 배우가 또 있었습니다. 바로 러블

리의 대명사 배우 신민아 씨입니다. 신민아 씨는 2018년 1월 대지면적 103평에 1932년 준공된 오래된 목조 건물을 55억 5천만 원에 매입했습니다. 평당 약 5,360만 원꼴로 매입했으며 대출액은 28억 원으로 추정됩니다.

매입 당시 지어진 지 80년이 넘은 건물로 사실 건물로서의 기능 및 가치는 거의 없는 상태였습니다. 다만 삼각지역에서 도보 3분 거리에 위치해 있으며 대로변 바로 이면 코너에 위치해 있어 입지가 뛰어난 편이었습니다. 무엇보다 바로 뒤편에 있는 미군기지의 공원화(용산민족공원) 같은 굵직한 호재들이 기대되고 있었으니 미래 가치를 보고 투자한 케이스라고 볼 수 있지요.

2017년 12월경 신용산역 바로 앞에 아모레퍼시픽 본사가 들어오면서 인근에 용리단길이라는 상권이 생기기 시작한 타이밍이었습니다. 강남만큼이나 그 위상이 나날이 높아져가는 용산의 가치를 보고 투자한 것으로 보입니다.

신민아 씨의 투자에는 특이한 점이 있었는데요. 이 건물을 매입하고 며칠 되지 않아 같은 날에 양 옆 필지(3필지)가 다른 이들에게 매각되었다는 점입니다. 이를 두고 양 옆 필지를 신민아 씨의 측근들이 매입한 것이 아니냐는 의견이 나왔습니다. 바로 공동 투자를 진행한 것이었는데요. 인근 필지들을 여럿이 함께 매입해 하나의 큰 대지로 만들고 미래에 함께 개발할 수 있는 가능성을 둔 것이죠.

역시나 손바뀜 이후 이 필지들의 건물들은 모두 철거되었습니다. 그리고 2018년부터 2019년까지 하나의 주차장으로 사용되었습니다. 주차장으로 사용되는 동안 77억 원에 매입했던 A필지는 1년 후인 2019년 1월에 91억 원에 매각되었으며, 27억 5천만 원에 매입했던 B필지는 2년 후인 2020년 2월 KT에 64억 원에 매각되었습니다.

현재 신민아 씨 소유의 필지, 그리고 A필지가 합쳐져 신축 공사에 들어간 상황입니다. 두 필지의 면적의 합은 250평으로 꽤나 큰 규모의 빌딩으로 재탄생할 예정입니다.

함께 주차장으로 사용되었지만 신축 공사에는 포함되지 않은 바로 옆 B필지가 2020년 2월 평당 9,200만 원에 매각되었음을 본다면 완공 후 평당 1억 원을 가뿐히 넘길 것으로 예상됩니다.

인스타그램으로
소통하기

인스타그램은 명실공히 국내에서 주류 SNS 대열에 올랐다.
시장조사업체 DMC미디어의 '2021 소셜미디어 시장 및 현
황 분석' 보고서에 따르면, 2021년 1월 기준 국내 SNS 중
인스타그램 순방문자 수는 1,885만 명을 기록했다. 페이
스북(1,371만 명)과 카카오스토리(919만 명), 트위터(517만
명)를 제쳤다. 게다가 연령별로 살펴보면 인스타그램은
10~30대가 가장 많이 사용하는 SNS로 꼽혔다. 그에 따라

마케팅 업계는 인스타그램을 주요 마케팅 창구로서 주목하고 있다. 중개업계도 이런 마케팅 도구를 빼먹을 수는 없다.

카드뉴스

인스타그램에 매물 광고를 잔뜩 올려 상업적인 색채를 풍겨서는 안 된다. 유튜브나 블로그를 운영할 때와 마찬가지다. 대중에게 도움이 되는 정보를 올려야 한다. 이러한 측면에서 고려할 만한 콘텐츠가 카드뉴스다. 인스타그램은 어디까지나 사진 기반의 SNS이기 때문에 장문의 글을 올리는 데 부적합하다. 블로그의 글을 그대로 옮겨봐야 별로 효과가 없다. 유튜브에 올린 영상을 재가공해 업로드할 수는 있겠지만, 유튜브에 비해 시인성이 떨어진다. 또 영상을 길게 만들어 올리면 유입 효과가 별로 없다. 인스타그램을 이용하는 사람들은 어쨌든 사진을 보기 위해 들어온다는 사실을 명심해야 한다. 그래서 카드뉴스에 주목할 필요가 있다.

카드뉴스는 주요 이슈를 이미지와 짧은 글로 재구성해 보여주는 신개념 뉴스 포맷이다. 데스크톱 화면에서는 스크

▲ 카드뉴스 예시

롤해서 내려 볼 수 있고, 스마트폰에서는 차례대로 넘겨 볼 수 있게 되어 있다. SNS 환경에서 긴 글의 뉴스보다 가독성과 전파력이 높은 콘텐츠로 평가받았다. 2010년대 후반 대다수 언론사가 너도나도 카드뉴스에 뛰어들었다가 잠시 주춤했다. 그러다 요즘 인스타그램이 부상하면서 다시 뜨고 있는 추세다. 카드뉴스는 인스타그램에서 보기도 편하고 공유하기도 쉽다.

글쓰기를 부담스럽게 느끼는 중개사들은 카드뉴스가 훌륭한 대안이 될 수 있다. 부동산과 관련된 법적 상식을 Q&A 방식으로 정리해 카드뉴스로 보여주면 깔끔하고 효과적으로 전달할 수 있다. 예를 들어 '건물 양수 시 기존 임차인의 연체차임은 어떻게 되나?' 등의 질문을 표지(첫 번째 카드)에 제시해서 호기심을 유발한 뒤, 그에 대한 해답과 근거 판결문 등을 순서대로 보여주는 것이다.

모든 콘텐츠가 그렇듯 표지의 제목이 가장 중요하다. 요즘에는 '미리캔버스' '망고보드' 등 카드뉴스 제작을 도와주는 무료 플랫폼들이 있다. 초보자도 쉽게 따라 할 수 있으니 활용해보는 것도 나쁘지 않다. 만약 포토샵을 다룰 줄 안다면 더 다양하고 품질 높은 카드뉴스를 만드는 것도 가능하다. 만든 카드뉴스를 블로그에도 적극 공유해야 하는 건 당연지사다.

해시태그

카드뉴스를 포함한 사진을 올릴 때는 해시태그에 신경 쓰자. 해시태그란, 게시물에 다는 일종의 꼬리표다. 특정 단어나 문구 앞에 해시(#)를 붙여 관련 정보를 한데 묶을 때 쓴다. 해시태그는 인스타그램뿐만 아니라 페이스북과 트위터 등 여러 SNS에서 검색어 역할을 한다. 특정 해시태그를 검색하면 해당 해시태그를 단 게시물들이 모두 보인다는 뜻이다. 즉 해시태그를 잘 활용하면 본인의 인스타그램 계정을 보다 많은 사람에게 노출시킬 수 있다. 어쨌든 꾸준히 눈에 띄는 게 중요하다.

다만 무작정 많은 해시태그를 단다고 노출 효과가 높아지지는 않는다. 해시태그가 너무 많으면 게시물이 산만해 보이고 광고 느낌이 강하게 들기 마련이다. 인스타그램 측에서도 해시태그를 30개 이상 달지 못하도록 해두었다. 30개가 넘으면 자동으로 스팸 처리가 된다고 알려져 있다.

계정을 운영하는 초반에는 본인 사무소의 이름과 콘텐츠에 관한 키워드를 포함해 해시태그를 10개 미만으로 달기를 권장한다. 예를 들어 빌사남이 권리금을 둘러싼 분쟁을 주제로 각종 판례를 인용해 카드뉴스를 만들어 올린다고 가정해보자. 해당 카드뉴스에 해시태그를 단다면 '#권리금' '#임대차' '#권리금보호' '#권리금회수' '#판례' '#빌사남' '#부동산' '#공인중개사' 등 8가지로 정리할 수 있을 것이다. 뜬금없이 '#맛집' '#핫플레이스' '#KPOP' 따위의 아무 관련 없는 해시태그를 달아봤자 역효과만 날 뿐이다.

해시태그의 검색 효과를 높이려면 특정 키워드를 인스타그램에서 직접 검색해보자. 관련 게시물이 많이 뜰수록 해당 키워드에 대한 사람들의 관심도가 높다는 뜻이다. 그런 키워드를 모아서 정리해두면 나중에 효과적으로 써먹을 수 있을 것이다. 이런 내용을 인스타그램 마케팅 강의랍시고 돈을 받고 알려주는 업체도 있다. 보나마나 뻔한 내용이니 절대 혹하지 말자.

해시태그를 이용한 노출 전략은 계정 운영 초반에 유리하다. 나중에 어느 정도 팔로워(구독자)가 늘어났다고 판단하면 전략을 다소 수정할 필요가 있다. 핵심 키워드를 빼고 해시태그 개수를 대폭 줄이는 것이다. 이렇게 하면 더 깔끔하고 게시물에 대한 집중도가 높아지는 효과가 있다. 어차피 팔로워 수가 많다면 본인 글에 반응하는 사람들은 적지 않을 것이다. 또는 해시태그를 아예 달지 않는 것도 한 가지 방법이다. 인스타그램의 노출 알고리즘은 정확히 알려진 바 없지만, 해시태그가 없는 경우 팔로워들에게 노출될 확률이 더 높아진다는 분석 결과가 있다.

소통이 중요하다

인스타그램에 꼭 정보 전달용 게시물만 올려야 한다는 압박감을 가질 필요는 없다. 필자의 인스타그램 계정은 정보 전달이나 홍보 창구라기보다는 소통 창구에 더 가깝다. 최근에는 업무 모습이나 사무실에 비치한 간식거리 등을 찍어 올린다. 유머러스한 사진을 올릴 때도 있다. 한마디로 신변잡기라고 할 수 있다. 고객들이 회사에 친근한 인상을 갖게 하기 위해서다. 카드뉴스 위주로 업로드한 과거에 비하면 다소 가벼워졌다.

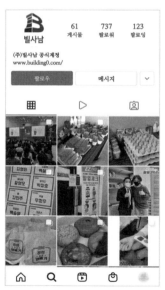
▲ 일상을 보여주는 빌사남 계정

수치화할 수는 없지만 어느 정도 긍정적인 영향이 있다고 생각한다. 일례로 젊은 고객들 중에는 인스타그램 메신저를 통해 부동산 관련 문의를 주는 분들이 있다. 빌사남에 입사를 원하는 분들이 채용 절차를 묻기도 한다. 가끔씩 사적인 질문을 하는 분도 있다. 아무래도 개인적인 사진을 올리다 보니 사람들이 편하게 느끼는 것 같다. 이런 이미지는 전혀 나쁠 게 없다.

카드뉴스 같은 정보 전달용 게시물에 너무 치중하지 말고 개인적인 소식도 올려보자. 영미권에서 인스타그램과 같은 SNS는 소셜미디어(social media)로 통한다. 즉 사교 활동을 위한 온라인 공간이다. 로봇처럼 정보 전달만 주구장창 하는 계정은 유용할지 몰라도 친근하게 느껴지진 않는다. 인스타그램의 본래 목적이 소통이라는 점을 잊지 말자.

5장

실무에 유용한
각종 판례들

공인중개사의 확인·설명 및
조사·확인 관련 판례

부동산 중개업자와 중개의뢰인의 법적 관계는 민법상 위
임관계와 같다. 이에 따라 중개업자는 선량한 관리자로서 의
뢰받은 중개업무를 성실히 처리해야 할 의무를 지닌다. 또한
부동산 중개업법은 중개업자의 다른 의무도 명시해놓았는

데, 그 기본은 공정하게 중개를 하는 것이다. 또 중개 대상의
권리관계와 법령에서 정한 거래 내용을 정확하게 의뢰인에
게 문서로 보여주고 설명해야 한다. 의뢰인에게 거래상 이용
제한 사항을 알려주는 것도 중개인의 의무 사항이다.

부동산 중개인이 거래계약서를 다시 쓸 때 중개대상물에 관한 확
인·설명 의무(대법원 2002. 8. 27. 선고 2000다44904 판결)

중개업자는 중개의뢰인의 요구에 따라 잔금 지급일에 거
래계약서를 재작성할 때 의무가 있다. 먼저 중개의뢰인의
확인 요청에 따라 그 시점에서 제한물권 상황을 다시 적게
되었다면 중개대상물의 권리관계를 다시 확인해봐야 한다.
또는 적어도 중개의뢰인에게 이를 확인해본 뒤 잔금을 지
급하라고 주의를 줄 의무가 있다.

중개대상물에 근저당이 설정된 경우 부동산 중개업자의 확인·설
명 의무의 범위(대법원 1999. 5. 14. 선고 98다30667 판결)

중개업자는 중개대상물에 근저당이 설정된 경우 그 채권

최고액을 조사·확인해 의뢰인에게 설명하면 충분하다. 피담보 채무액까지 확인해 설명할 의무가 있다고 할 수는 없다. 하지만 중개업자가 피담보 채무액에 관해 잘못된 정보가 있는데도 제대로 확인하지 않고 의뢰인에게 그대로 전달했고, 의뢰인이 그 정보를 믿고 상대방과 계약을 체결했다면, 이와 같은 행위는 중개업자의 의무에 어긋난다. 이는 선량한 관리자가 신의를 지켜 성실하게 중개행위를 하지 않은 것으로 간주된다.

> 임대차 계약 중개를 의뢰받은 중개업자가 부담하는 중개대상물의 시세에 대한 확인·설명 의무의 정도(대구지방법원 2004. 10. 19. 선고 2004가단23537 판결)

임차인으로부터 임대차 계약의 중개의뢰를 받은 중개업자는 시세 조사까지 해서 이를 설명해야 할 의무는 없다. 이는 감정평가인의 일이다. 다만 의뢰인이 요구하는 경우, 중개업자는 이미 알고 있거나 통상 조사할 수 있는 방법을 통해 확인할 수 있는 범위 내에서는 신의성실의 원칙 차원에서 대상물의 시세를 설명해줄 의무를 지닌다.

그런데 중개업자가 시세에 관해 잘못된 정보를 제대로 확인하지도 않고 그대로 전달했고, 의뢰인이 그 정보를 믿고 상대방과 계약을 했다면, 이와 같은 행위는 의무에 어긋난다. 이 경우 중개업자는 중개대상물에 관한 손해배상책임을 지게 된다. 다만 임차인이 중개업자의 설명만 믿고 섣불리 임대차 계약을 맺었다는 사실이 입증되면, 임차인의 과실이 인정되어 배상책임이 줄어들거나 제한될 수 있다.

중개대상물의 확인·설명 의무 위반(서울지방법원 남부지원 2000. 2. 11. 선고 99가합11831 판결)

중개업자가 의뢰인에게 선순위의 확정일자를 갖춘 선순위 임차인의 존재를 확인·설명하지 않은 채 "전세권만 설정하면 임차보증금을 확보할 수 있다"고 잘못 설명하는 경우가 있다. 이때 해당 주택이 경매에 넘어가 실제로는 임차보증금을 전혀 돌려받지 못할 경우, 중개업자는 중개대상물의 확인·설명 의무 위반으로 인한 손해배상책임을 진다.

중개업자가 확인·설명 의무가 있다고 할 수 없는 사항에 관해 잘못된 정보를 의뢰인에 전달했다면, 이와 같은 행위는 의무에 위반된다고 볼 수 있다. 이처럼 잘못된 정보를 제공하지 않아야 할 중개업자의 의무는 의뢰인이 중개대상물에 관한 권리변동 계약을 체결함으로써 중개가 완료될 때까지 인정된다. 즉 잘못된 정보 제공으로 의뢰인이 상대방과 계약에 이르게 된 경우에는 중개업자가 손해배상 책임을 진다.

중개업자가 중개물건에 대한 확인·설명 의무를 게을리해서 매매
계약이 해제된 경우의 책임(대구지방법원 1987. 10. 30. 선고 86가합
1663 판결)

중개업자가 중개물건의 확인·설명 의무를 게을리했음에도 매매 계약이 체결되었다가 해제된 경우, 중개업자는 매

수인에게 매매 중개에 관한 수수료를 받을 수 없다. 만약 수수료를 이미 받았다면 다시 돌려줘야 한다. 또 이 과정에서 매수인에게 재산상의 손해를 입혔다면 이를 배상할 책임을 진다.

판례로 알아보는
중개사고 분쟁

공인중개사는 공인중개사법과 그 시행령에 따라 중개의뢰인에게 거래에 관한 자세한 내용을 설명해야 할 의무를 진다. 그 내용에는 중개대상물의 상태·입지·권리관계 등에 관한 정보와 토지 이용계획, 거래 규제 및 이용제한에 관한 사항 등이 모두 포함된다.

다만 이 모든 사항을 빠짐없이 속속들이 설명할 수는 없을뿐더러 현실적으로 힘든 경우가 많다. 그래서 법원은 여지를 남겨두고 있다. 공인중개사의 설명 의무 위반이 인정되려면 우선 중개사의 고의나 과실이 있어야 한다. 또 설명 의무 대상은 일반적으로 부동산 매매 계약 과정에서 중요하게 간주되는 사항과 의뢰인이 특별히 확인을 요구하는 사항 등으로 한

정된다.

그리고 결정적으로 중개사의 설명 의무 위반과 의뢰인의 부동산 매매 계약 체결 사이에 인과관계가 있었다는 점이 입증되어야만 중개사가 법적 책임을 진다. 즉 중개사가 설명을 제대로 하지 않아 의뢰인이 부동산 매매과정에서 피해를 봤다는 사실이 근거로 뒷받침되어야 한다.

이처럼 설명 의무 위반이 받아들여지기는 절대 쉽지 않다. 그럼에도 공인중개사는 항상 거액의 부동산 거래를 중개할 때 긴장의 끈을 놓아서는 안 된다. 어찌 되었든 의뢰인이 "중개사가 설명을 대충 해서 피해를 봤다"며 소송을 제기하면 중개사 입장에선 그 자체로 엄청난 스트레스를 받을 수밖에 없다. 소송 대응 과정에서 변호사 선임료와 반박자료 준비, 법정 출두 등 금전적·심리적 압박도 피해 갈 수 없다. 심지어 법원이 중개사의 설명 의무 위반을 이유로 손해배상을 인정한 사례도 있다.

원고 A씨는 2006년 서울 구로구 구로동의 한 부동산을 임차하기 위해 공인중개사인 피고에게 의뢰했다. 피고는 A씨가 보증금 7천만 원에 임차할 수 있도록 중개했고, 계약금 300만 원은 계약 당일 지급했다. 나머지 6,700만 원은 부동산에 설정된 가등기(나중에 행할 본등기의 순위를 지키기 위해 올려놓는 임시등기)가 말소될 때 동시에 지급하기로 했다.

문제는 이때부터 발생했다. 피고가 가등기의 성격을 제대로 확인하지 않은 것이다. 피고는 이에 대해 "피담보채권이 3천만 원에 불과한 '담보가등기(돈을 받을 목적으로 설정한 권리)'이므로 보증금을 돌려받는 데 아무런 문제가 없다"며 잔금을 신경 안 쓰고 지급해도 된다고 A씨에게 설명했다. A씨는 피고의 말을 듣고 잔금을 지급했다.

그런데 사실 해당 가등기는 소유권이전청구권 보전가등기였다. 즉 나중에 부동산 소유권을 이전하려는 목적으로 가등기를 설정해둔 것이다. 나중에 가등기는 실행되었고, A씨는 보증금을 날리게 되었다. 이에 A씨는 "피고가 설명 의무를 제대로 이행하지 않아 손해를 입었다"고 주장하며 7천만 원에 대해 손해배상청구 소송을 냈다.

법원은 A씨의 주장을 일부 인정했다. 2008년 서울남부지법 판결문에 따르면, 피고는 가등기의 성격이 불분명한데도 담보가등기로서 채권액이 3천만 원이라는 말을 진실인 것처럼 A씨에게 전달했고, A씨는 그 정보를 믿고 상대방과 계약을 맺었다. 재판부는 이에 대해 "(피고는) 선량한 관리자의 주의로 신의를 지켜 성실하게 중개행위를 해야 할 의무를 위반한 것이므로 이로 인한 의뢰인(A씨)의 손해를 배상해줘야 한다"고 판시했다. 대신 손해배상의 범위에 관해서는 초기 계약금 300만 원에 한해서만 인정된다고 판단했다. 그 이유는 피고가 계약금을 뺀 보증금 잔금을 가등기가 해제되자마자 지급한다는 특약을 마련해줬는데, A씨가 특약상 반대할 수 있는 권리를 포기하고 잔금을 모두 줘버렸기 때문이다.

비록 피고의 손해배상 범위가 줄어들긴 했지만 짚고 넘어가야 할 부분은 분명 있다. 가등기의 성격을 확실히 파악하지 않고 중개에 나선 중개사의 섣부른 태도다. 부동산을 중개하기 전에 가등기를 포함해 가압류, 가처분, 선순위 담보권 등을 분석하는 것은 기초 작업이다. 이런 작업도 해놓지 않고 중개수수료 챙기기에만 급급하면 사달이 날 것은 불 보듯 뻔하다. 개업을 하기 전에 중개법인 또는 중개사무소에서 실무 경험을 쌓으며 기초를 단단히 다져놓기를 바란다.

중개수수료
관련 판례

부동산 중개업자가 계약 성립에 결정적인 역할을 한 경우 중개수수료 청구권(부산지방법원 2007. 1. 25. 선고 2005나10743 판결)

부동산 중개업자가 계약 성립에 결정적인 역할을 했는데도 불구하고 불가피한 이유로 최종적인 계약서 작성에 관여하지 못하는 경우가 있다. 이 과정에서 중개업자가 책임져야 할 부분이 없다면, 그 중개업자는 이미 이루어진 중개행위에 상응하는 수수료를 청구할 권한이 있다. 이는 민법과 상법 관련 규정 및 신의성실의 원칙 등에 비춰봤을 때 그러하다.

중개업자의 부동산 중개 활동이 쌍방의 제시가격 차이로 일시 중단된 상태에서 중개의뢰인끼리 직접 계약한 경우 중개인의 보수
(부산지방법원 1987. 9. 24. 선고 87나516 판결)

중개업자가 부동산 중개를 하는 과정에서 중개의뢰인끼리 가격 합의를 보지 못해 일시 중단될 경우가 있다. 그런데 이후에 중개의뢰인들이 직접 만나 절충 끝에 매매 계약을 체결할 수도 있다. 그래도 중개업자는 민법과 신의성실의 원칙 등을 토대로 중개 활동에 대한 보수를 청구할 수 있다. 보수액을 정할 때는 당초 약정액(정하지 않은 경우 조례상의 중개료 한도액)과 중개에 들어간 시간 및 노력 정도, 계약의 성립으로 중개의뢰인이 얻게 된 이익 등을 참고하게 된다.

1년을 약정한 임차인이 만료 3개월을 남기고 나가게 되면 임대인은 새로운 세입자를 찾아 임대차 계약을 맺으려 할 것이다. 이때 발생하는 중개수수료는 임대인과 기존 임차인 사이의 갈등을 일으키는 요인이 된다. 보통 임대인 입장에서는 '임차인이 약정한 임대차 기간이 끝나기 전에 계약관계 청산을 요구했기 때문에 임차인이 중개수수료를 내야 한다'고 생각할 수 있다. 하지만 그렇지 않다.

이와 관련해 법제처는 "중개수수료는 중개의뢰인 쌍방으로부터 받아야 하고, 중개업자가 수수료를 청구할 수 있는 대상은 임대를 하려는 중개의뢰인과 임차를 하려는 중개의뢰인이므로, 이사를 나가려는 임차인은 중개의뢰인이 아니어서 중개수수료를 내지 않아도 된다"고 해석하고 있다.

다만 임대차 계약 전에 특약으로 중개수수료 부담 주체를 정해뒀다면 이야기가 다르다. 임대인은 '임대차 계약을 종료하려면 새 임차인을 구해놓고 중개수수료를 부담해야 한다'는 내용의 특약을 걸어놓을 수 있다. 그렇다면 임차

인은 계약 종료 전에 건물을 비울 경우 중개수수료를 내야
한다.

계약을 맺은 뒤 합의 해제한 경우 중개수수료 청구 권한(광주지방
법원 2008. 4. 11. 선고 2007가단13669 판결)

계약이 성사되었지만 중개의뢰인의 부탁으로 해제할 경
우에도 중개업자는 중개수수료를 청구할 수 있다. 공인중개
사법에는 "중개업자는 중개업무에 관해 중개의뢰인으로부
터 소정의 수수료를 받는다"고 나와 있다. 하지만 중개업자
의 고의나 과실이 입증되어 거래 행위가 취소 또는 해제될
경우에는 수수료를 받을 수 없다.

권리금 중개 시 중개수수료 적용 여부(대법원 2006. 9. 22. 선고
2005도6054 판결)

상가 권리금은 부동산 중개의 대상물이라고 볼 수 없는
만큼 권리금을 중개해주고 받는 수수료를 부동산 중개행위
에 적용해 수수료 한도액을 규정할 수는 없다. 즉 중개업자

가 권리금에 대한 계약을 중개해주고 수수료를 받는 행위는 금액에 상관없이 적법하다. 권리금은 무형의 재산 가치이기 때문에 중개업자의 중개 대상인 부동산과 성질이 다르다. 그러므로 권리금 중개행위는 부동산 중개업법의 적용을 받지 않는다.

처분권자의 확인에 대한
중개업자의 의무 관련 판례

부동산을 처분하려는 자가 진정한 권리자인지 여부에 관한 부동
산 중개업자의 조사·확인 의무의 내용과 정도(대법원 2007. 11. 15.
선고 2007다44156 판결)

부동산 중개업자는 부동산 매각 등 처분을 하려는 자가
진짜 권리자인지 조사하고 확인할 의무를 지닌다. 부동산
중개업자와 중개의뢰인과의 법률관계는 민법상의 위임관

계와 같다. 그러므로 중개업자는 선량한 관리자로서 의뢰받은 중개업무를 처리해야 하고, 신의와 성실로 공정하게 중개행위를 해야 한다.

또 민법은 "중개업자는 중개대상물의 권리관계, 법령에 의한 거래, 이용제한 사항 등을 확인해 중개의뢰인에게 설명할 의무가 있다"고 명시하고 있다. 중개대상물 권리자에 관한 사항도 설명 대상에 포함된다. 그러므로 중개업자는 등기부등본과 신분증 등을 통해 부동산 처분자가 권리자와 같은 사람인지 확인해야 한다.

> 중개업자가 부동산 소유자라고 사칭하는 사람으로부터 부동산 매도 의뢰를 받는 경우 부담해야 할 책임(서울중앙지방법원 2008. 11. 20. 선고 2008가합50528 판결)

중개업자가 부동산 매도 의뢰인이 진짜 소유자인지 확인하지 않고 중개했는데, 나중에 알고 보니 사기꾼이었다면 어떻게 해야 할까? 이 경우 중개업자는 조사·확인 의무를 다하지 않았기 때문에 불법행위에 대한 책임을 져야 한다. 손해가 발생하면 배상도 해야 한다.

실제로 부동산 소유자를 사칭해 매매 대금을 빼앗아가는 사건은 적지 않다. 이러한 범행은 실제 부동산 소유자의 신분증 등을 입수해 그 사람의 인감이나 인감증명서 등을 위조하는 방법으로 매우 교묘하게 이루어진다. 그러므로 사기꾼이 제출한 서류가 형식적으로 문제가 없다고 해도 그냥 넘어가서는 안 된다.

일단 중개업자가 자신을 부동산 소유자라고 주장하는 사람으로부터 매도 의뢰를 받게 되면, 실제 소유권의 유무를 조사하고 확인해야 한다. 구체적으로 해당 부동산에 대한 등기권리증을 보거나, 의뢰인의 집 또는 직장에 연락해 알아보는 등의 절차를 거쳐야 한다. 의뢰인의 신분증을 확인하는 것만으로는 충분하지 않다.

중개업무에 종사하는 사람은 부동산 거래에 관해 전문적인 지식과 경험을 가진 전문가다. 또 중개업자에게 부동산 매매 중개를 의뢰하는 사람은 이러한 지식과 경험을 믿기 때문에 의뢰하는 게 일반적이다. 따라서 중개업자는 선량한 관리자로서 부동산 매수인에게 예상 밖의 손해를 입히지 않도록 충분히 조심해야 한다.

  부동산 소유주가 건물과 멀리 떨어져 있거나 해외에 있는 경우, 대리인(임대관리인)을 통해 건물을 관리하면서 임대수익을 얻곤 한다. 그런데 관리인들이 임대차보증금을 횡령하는 등 부정한 행위로 중개사고가 일어나는 일이 종종 있다. 이때 소유주가 부동산 중개업자에게 그 책임을 물을 수 있다. 관리인은 단순히 건물을 관리하는 소유주의 심부름꾼이고, 임대차 계약에 관한 대리권을 갖고 있지 않다는 이유에서다. 이 경우 중개업자는 민법을 내세워 소유주로부터는 그 책임을 면할 수 있다.

  하지만 보증금을 돌려받지 못한 임차인이 중개업자에게 '대리권 확인 소홀'을 주장하며 책임을 물을 수도 있다. 임대인이 아닌 임차인이 손해배상청구를 할 경우, 중개업자가 그 책임을 100% 면하기는 상당히 어렵다. 그러므로 중개업자는 이 같은 사고가 발생하지 않도록 대리권을 철저하게 확인해야 한다. 임대차 또는 매매 계약의 상대방이 소유주의 대리인일 때는 위임장과 인감증명서 등을 통해 대리권을 반드시 체크해야 한다.

그런데 사정상 서류에 의한 대리권 확인이 어려울 수도 있다. 이때는 전화 등을 통해 반드시 소유주에게 계약 체결 사실을 확인시켜줘야 한다. 그래야만 중개업자가 혹시 모르게 발생할 배상책임을 피해갈 수 있다.

보통 대리인이 본인의 위임장과 함께 인감증명서를 제출한다면 대리권을 갖고 있는 것으로 보고 계약을 진행하게 된다. 하지만 이때도 조심해야 한다. 중개업자는 거래의 안전 측면에서 반드시 '자칭 대리인'에게 대리권이 있는지를 소유자에게 직접 확인해야 한다.

임대인의 근저당권 말소에 대한 중개업자의 책임(서울북부지방법원 2004. 11. 30. 선고 2004나4162)

임대차 계약을 맺을 때 중개업자의 책임 아래에 임대인이 설정한 기존의 근저당권을 말소하기로 했다면, 중개업자는 이를 확인해야 한다. 근저당권의 종류와 피담보채무를 알아보고 중도금이나 잔금을 지급할 때 등기부등본상 근저당권 말소 여부를 확인해야 한다. 그래야만 중개업자의 책임이 없다.

중개업자가 의뢰받은 중개업무가 전대차일 때 져야 할 의무에는 중개대상물의 원소유자(임대인)와 임차인(전대인)이 맺은 임대차 계약의 내용 및 임대인이 전대에 동의하는지의 여부 등에 관한 사항이 포함되어 있다. 중개업자는 당연히 이러한 사항들을 선량한 관리자의 주의와 신의성실로써 조사·확인할 의무가 있다. 원래 전대차는 민법상 임대인의 권익을 보호하기 위해 원칙적으로 허용되지 않는다. 다만 임대인의 동의가 있는 때는 전대차가 가능한 것으로 받아들여지고 있다. 따라서 중개업자가 전대차 계약을 중개할 때 사고를 미연에 방지하기 위해서는 임대인의 동의 여부, 임차보증금 규모, 남아 있는 임대차 기간 등을 조사·확인해 전차인에게 설명해야 한다.

집합건물의 업종제한
관련 판례

집합건물의 분양계약 조건에서 정한 업종제한 약정의 효력(대법원 2002. 8. 23. 선고 2001다46044 판결)

건축회사가 상가를 지어 각 점포별로 업종을 지정해 분양했다면, 점포의 수분양자의 지위를 넘겨받은 사람은 분양계약에서 정한 업종제한 등의 의무를 받아들였다고 봐야 한다. 그러므로 특별한 사정이 없는 한 업종제한에 관한 약정을 지켜야 할 의무가 있다. 그런데 수분양자가 업종제한 약정을 어길 경우, 영업상 손해를 본 사람은 동종업종의 영업 금지를 청구할 권리가 있다.

> 건물의 영업제한에 관한 규약을 설정·변경할 수 있는 관리단의 성립 조건과 의결권 행사 범위(대법원 2005. 12. 16. 선고 2004마 515 판결)

건물의 영업제한에 관한 규약을 설정하거나 변경할 수 있는 관리단은 어떤 조직행위를 거쳐야 성립되는 단체가 아니다. 구분소유 관계로 이루어진 건물의 경우 구분소유자 전원을 구성원으로 한 단체가 결성된다. 또 단체의 의결권 은 구분소유자 전원이 행사한다고 볼 수 있다. 이때 구분소 유자는 보통 구분소유권을 취득한 사람(등기부등본상 구분소 유권자로 등기된 사람)을 뜻한다. 다만 수분양자로서 분양 대 금을 완납했는데도 특수한 사정으로 소유권을 이전받지 못 한 경우가 발생할 수 있다. 이때는 수분양자도 구분소유자 에 준하는 것으로 보고 관리단의 구성원이 되는 것과 동시 에 의결권을 행사할 수 있다.

가등기 및 가처분 후
임차인의 대항력 유무

가등기가 완료된 후에 상가건물 임대차보호법상 대항력을 취득한 임차인이 그 가등기를 토대로 본등기를 완료한 자에 대해 대항력을 행사할 수 있는지 여부(대법원 2007. 6. 28. 선고 2007다25599 판결)

가등기가 완료되면 상가건물 임대차보호법상 임차인은 일정 정도의 대항력을 갖게 되지만, 본등기를 완료한 사람에 대한 대항력까지는 행사할 수 없다.

그 밖에 임차인이 상가건물 임대차보호법상 대항력 또는 우선변제권 등을 취득했는데 건물의 소유권이 다른 사람에게 넘어갈 때가 있다. 이때 새로운 소유자는 기존 임대차 계약의 효력을 없애는 조건으로 임차인과 별개의 임대차 계약을 새로 맺을 수 있다. 이렇게 되면 임차인은 종전의 임대차 계약을 기초로 가졌던 대항력이나 우선변제권을 새로운 소유자에게 주장할 수 없게 된다(대법원 2013. 12. 12. 선고 2013다211919 판결).

> 가등기담보 등에 관한 법률상의 사적 실행 절차에서도 주택임차인의 소액보증금 최우선변제권이 인정되는지 여부(부산고등법원 2007. 12. 21. 선고 2007나8266·8273 판결)

주택임대차보호법상 임차인은 본인이 경매청구권을 갖지 못한다. 가등기담보권이 경매에 의해 실행(공적 실행)되는지, 자연스러운 권리 취득에 의해 실행(사적 실행)되는지는 본인의 의사와 상관없이 결정된다. 가등기담보권자가 사적 실행 절차를 거쳐 소유권을 취득하는 것은 경매 절차에서 스스로 낙찰받는 것과 마찬가지다. 따라서 최우선변제권은 공적 실행이든 사적 실행이든 똑같이 갖게 된다. 주택 임차인의 최우선변제청구권은 후순위 권리자의 채권보다 앞선다. 또 모든 담보권자의 권리와 비교했을 때도 우선시 된다.

> 토지 임차인이 지상건물을 등기하기 전에 제3자가 토지 권리 취득 등기를 한 경우 임대차 효력의 지속 여부(대법원 2003. 2. 28. 선고 2000다65802 판결)

건물을 소유하려는 토지 임차인이 그 지상의 건물을 등기하기 전에 제3자가 토지에 관해 물권 취득 등기를 해버렸다면, 그 이후 건물을 등기한 임차인은 제3자에 대해 임대차 효력을 발휘할 수 있을까? 민법은 "건물의 소유를 목적으로 하는 토지 임대차는 이를 등기하지 않은 경우에도 임차인이 그 지상건물을 등기했을 때는 제3자에 대해 임대차 효력이 생긴다"고 규정하고 있다. 하지만 이는 토지 임차인의 보호를 위해 건물을 등기함으로써 토지 임대차 등기에 준하는 효력을 부여하는 것에 그친다. 즉 해당 사례에서는 제3자에 대한 임대차 효력이 생기지 않는다.

부동산에 관해 처분금지 가처분 등기가 완료된 후에 가처분권자가 본안소송에서 승소 판결을 받았다면, 해당 가처분 결정에 반하는 처분행위는 무효화된다. 이때 해당 처분행위가 가처분에 위배되는지의 여부는 그 행위에 따른 등기 사항과 가처분등기의 선후 관계에 의해 정해진다. 이를 감안해 특정 사건을 살펴보자. 토지 임차인이 땅 위에 건물을 새로 지어 이를 취득했는데, 그 건물의 보존등기를 하기 전에 이미 해당 토지에 관해 처분금지 가처분등기를 마친 제3자가 있다면, 제3자에 대해서는 임차인으로서 대항력을 행사할 수 없다.

계약금
관련 판례

계약금 없는 계약 관련 부동산 중개업자가 중개의뢰인 및 거래 상대방에 대해 져야 할 의무의 내용(대법원 2008. 3. 13. 선고 2007다 73611 판결)

원칙상 부동산 계약이 일단 성립한 뒤에는 당사자가 일 방적으로 이를 해제할 수 없다. 다만 주 계약과 더불어 계약 금 계약을 한 경우 민법에 따라 임의로 해제할 수는 있다.

그런데 계약금 계약의 성립 조건은 돈이나 그에 상응하는 유가물의 지급이다. 단지 계약금을 주겠다고 약속만 한 단계에서 계약은 효력을 지니지 못한다. 이 때문에 계약을 해제할 수 있는 권리는 발생하지 않는다고 봐야 한다.

만약 계약 당사자가 계약금의 일부만 먼저 지급하고 잔금은 나중에 주기로 약정했는데, 당사자가 실제 잔금을 주지 않으면, 계약 상대방은 계약금 지급 의무를 이행하라고 청구할 수 있다. 또는 채무 불이행을 이유로 계약금 약정을 해제할 수도 있다. 게다가 '계약금 계약이 없었다면 주 계약도 맺지 않았을 것'이라는 사정이 인정되면 주 계약도 해제할 수 있다. 다만 당사자가 잔금을 주지 않는 한 계약금 계약 자체가 성립되지 않으므로 주 계약을 해제할 수는 없다고 봐야 한다.

부동산 중개업자는 중개대상물의 권리관계 등을 확인해 중개의뢰인에게 설명할 의무가 있다. 만약 직접적인 위탁관계가 없다고 해도 계약 상대방은 중개업자를 믿고 거래에 임했을 것이므로 중개업자는 업무상 일반적인 의무를 다해야 한다.

부동산 매도인과 매수인이 매매 계약 위반에 대한 약정을 했다. 그 내용은 "매수인이 계약금을 지급하되 매도인이 계약을 어겼을 때는 그 배액을 배상받고, 매수인이 어겼을 때는 계약금을 포기해 반환을 청구하지 않기로 한다"는 것이었다. 계약 위반 시 내야 할 위약금도 정해두었다.

그런데 이후 계약금을 미처 준비하지 못한 매수인이 서류상 눈속임을 시도했다. 형식상으로는 매도인에게 약속한 계약금을 모두 준 것으로 하고, 일단 줬던 계약금을 돌려받아 보관하면서 매도인에게 '현금보관증'을 써준 것이다. 이 경우 매수인은 원래 약속한 계약금을 모두 줘야 할 의무가 있다. 그와 동시에 매수인이 계약을 위반했다면 실제 계약금을 지급하지 않았더라도 위약금을 내야 할 의무가 있다.

계약금을 지급하고 중도금은 기존의 세입자 임대차보증금으로 대체한 경우의 효력(대법원 2001. 2. 9. 선고 99두5955 판결)

부동산 매매 계약을 체결하면서 계약금을 지급한 뒤 '중도금은 기존의 세입자 임대차보증금으로 대체하고 잔금은 대출받아 지급한다'고 약정을 했다. 이 경우 매매 계약이 해제되면 그 부동산은 사실상 취득하지 못한 것으로 본다. 여기서 '취득'은 등기와 같은 소유권 취득의 형식적 요건을 갖추지는 못했지만, 대금 지급과 같은 실질적 요건을 갖춘 경우를 말하는 것이다.

기타 거래사고
관련 판례

거래계약서의 재작성 업무도 부동산 중개업자의 수임 범위에 포함되는지 여부(서울지방법원 동부지원 1999. 12. 10. 선고 99가합3332 판결)

부동산 중개업자가 쓴 거래계약서가 분실되거나 사라져 버려 새로 써야 하는 경우, 중개의뢰인은 자신의 권리를 보전하기 위해 거래계약서를 재작성해야 할 의무가 있다. 이

때 중개업자의 업무 범위에는 재작성 업무까지 포함된다.

다만 중개업자가 중개대상물의 권리관계 등도 확인해 중개의뢰인에게 설명해야 할 의무는 없다. 중개업자는 권리변동 계약이 성립된 당시 계약 내용을 담고 있는 거래계약서를 다시 써서 당사자의 서명을 받아 중개의뢰인에게 주면 의무를 다한 것이다. 다시 말해 계약 체결일 이후 중개대상물에 관한 변동 사항을 따로 확인해 설명할 필요는 없다.

> 중개보조원의 고의에 의한 불법행위로 손해배상책임을 부담하는 중개업자의 과실상계 주장이 인정되는 경우(대법원 2008. 6. 12. 선고 2008다22276 판결)

피해자가 주의하지 못한 점을 이용해 고의로 불법행위를 저지른 자가 "피해자가 부주의했으니 책임을 줄여달라"고 주장하는 것은 허용될 수 없다. 사유가 있는 자에게 과실상계 주장을 허용하면 신의성실의 원칙을 위배하는 것이기 때문이다.

그렇다면 거래 당사자인 피해자가 주의를 기울이지 않아 중개보조원이 업무 과정에서 고의로 불법행위를 저질렀다면, 중개업자는 어떤 책임을 지게 될까? 중개업자는 단지 중개보조원을 고용한 사람이다. 중개업자가 중개보조원의 불법행위에 가담한 적이 없고, 피해자의 과실이 인정된다면, 법원은 과실상계의 법리를 근거로 손해배상책임의 정도를 정하게 되어 있다. 그렇다면 중개업자의 책임은 중개보조원에 비해 가벼운 정도로 제한될 수 있다.

'중개행위' 해당 여부 판단 기준(대법원 2007. 2. 8. 선고 2005다 55008 판결)

법률에서 정한 중개행위는 중개업자의 행위를 객관적으로 봤을 때 사회 통념상 거래의 알선·중개를 위한 행위로 인정되는지, 아닌지에 따라 판단해야 한다. 반면 중개업자의 주관적 의사를 근거로 거래의 알선·중개 행위를 따져서는 안 된다.

예를 들어 임대차 계약을 알선한 중개업자가 계약 체결 후에도 보증금의 지급이나 목적물의 인도, 확정일자의 취득 등 거래 당사자의 의무 실현에 관여함으로써 의무가 원만하게 이행되도록 도와줄 것이 예정되어 있는 경우라면, 이러한 행위는 객관적으로 거래의 알선·중개를 위한 행위로 간주된다. 즉 중개행위에 포함된다.

부동산 컨설팅에 따라 함께 이루어진 중개행위의 부동산 중개업 해당 여부(대법원 2007. 1. 11. 선고 2006도7594 판결)

부동산 중개행위가 부동산 컨설팅 과정에서 뒤따르는 식으로 이루어졌다고 해도, 이는 부동산 중개업에 해당한다. 즉 공인중개사 자격이 없는 컨설팅 업자들이 사실상의 부동산 중개업무를 하면 위법으로 간주된다.

'식당 컨설팅'을 내세워 점포 수익률이나 운영 노하우 등을 알려주는 업자가 있다. 이 컨설팅 업자가 컨설팅 수수료 명목으로 돈을 받고 점포 임대차 계약에까지 관여하면, 이는 부동산 중개행위에 손을 댄 것으로 판단된다. 그렇다면 컨설팅 업자는 자격 없이 부동산 중개업을 한 것이다.

매출 100억 공인중개사는 이렇게 영업합니다

초판 1쇄 발행 2021년 12월 22일
초판 4쇄 발행 2022년 1월 12일

지은이 김윤수(빌사남)
브랜드 경이로움
출판 총괄 안대현
기획·책임편집 오혜미, 김효주
편집 오승희, 박수현
본문디자인 윤지은   **표지디자인** 김지혜

발행인 김의현
발행처 사이다경제
출판등록 2021년 7월 8일 제2021-000224호
주소 서울특별시 강남구 테헤란로33길 13-3, 2층(역삼동)
홈페이지 https://cidermics.com/
이메일 gyeongiloumbooks@gmail.com(출간 문의)
전화 02-2088-5754   **팩스** 02-2088-5813
종이 다올페이퍼   **인쇄** 천일문화사
ISBN 979-11-975636-1-4 (03320)